Constantin Schreiber

GLÜCK IM UNGLÜCK

Wie ich trotz schlechter
Nachrichten optimistisch bleibe

Hoffmann und Campe

4. Auflage 2023
Copyright © 2023
Hoffmann und Campe Verlag GmbH, Hamburg
www.hoffmann-und-campe.de
Umschlaggestaltung und Illustration:
Vivian Bencs © Hoffmann und Campe;
nach einem Foto von © Andreas Hornoff
Satz: Dörlemann Satz, Lemförde
Gesetzt aus der Williams Caslon Text
Druck und Bindung: GGP Media GmbH, Pößneck
Printed in Germany
ISBN 978-3-455-01610-9

HOFFMANN
UND CAMPE

Ein Unternehmen der
GANSKE VERLAGSGRUPPE

Inhalt

1. Der panische Zeitgeist

2. Was ist Glück?

3. Glückstraining

4. Glückscode

1. Kapitel

DER PANISCHE ZEIT- GEIST

News-Fatigue

26. Februar 2022, 20 Uhr. Der *Tagesschau*-Gong erklingt. Aus der einen Ecke des ARD-Studios 2 in Lokstedt setzt sich die Kamera in Bewegung. Sie hängt an einer Art Schiene an der Decke und fährt während des Openings auf mich zu. Ich bemerke, wie der sogenannte Fächer – also die fünf Bilder, die während des Sendungsbeginns hinter mir zu sehen sind – über die Projektionswand fährt. Die Synchronstimme von Angelina Jolie sagt meinen Namen, für mich das Signal, anzufangen.

»Guten Abend, meine Damen und Herren, ich begrüße Sie zur Tagesschau!«

Wenige Tage zuvor, am 24. Februar, hat der Angriffskrieg Russlands gegen die Ukraine begonnen. Auch an diesem Abend *das* beherrschende Thema. »Vormarsch russischer Truppen auf Kiew« steht hinter mir auf der Wand. Zuerst ein Beitrag über den Widerstand der Ukraine gegen die russischen Angreifer. Danach »Hunderttausende Ukrainer auf der Flucht«, ein Bericht aus den Brennpunkten in Rumänien, Ungarn und Polen. Eine Mutter kann ihre Kinder umarmen, die andere für sie über die Grenze gebracht haben. Bilder von berührender Solidarität in diesen Ländern.

Ich arbeite sehr viel in letzter Zeit, in manchen Monaten achtundzwanzig Tage. Schichtdienst. Warum so viel? Immer wieder sind Kolleginnen und Kollegen wegen Corona ausgefallen. Urlaub war lange wegen der Reisebeschränkungen ohnehin nicht möglich. Selten, fast nie, habe ich Gutes zu verkünden. Dabei halte ich mich eigentlich für einen optimistischen Menschen und besitze auch eine gesunde Distanz, kann nach der Arbeit gut abschalten oder mich mit anderen Dingen beschäftigen. Aber die nicht abreißenden Horrornachrichten – ich merke: Das macht etwas mit mir.

Vor kurzem war es ein Beitrag über Jugendliche in Syrien, die auf Müllkippen nach Essbarem suchen, über den ich noch lange Zeit nachdenken musste. Und ein Beitrag über einen Kinderschänder-Ring. Jetzt, mit dem Beginn des Kriegs in der Ukraine, die ständigen Bilder von weinenden Frauen und Kindern, von Verzweiflung, aber auch von großer Hilfsbereitschaft … Und so passiert mir in dieser 20-Uhr-Sendung am 26. Februar 2022 etwas, was mir noch nie passiert ist, seit ich vor der Kamera stehe: Ich bin fix und fertig. Gleichzeitig stelle ich etwas Erstaunliches fest: Man kann Nachrichten vorlesen und dabei selbst weghören. Jemand hätte mich anschließend auffordern können: Nenne drei Schlagzeilen, die du gerade vorgelesen hast – ich hätte es nicht gekonnt. Am Ende der Sendung ändere ich spontan die Verabschiedung – ein No-Go in der *Tagesschau*. Ich sage nicht: »Ich wünsche Ihnen einen schönen Abend!« Das konnte ich nicht, nach all den schrecklichen Dingen, die wir vorher zu sehen bekommen hatten. Was soll da schön sein? Ich wünsche »einen guten Abend«. »Gut« ist natürlich auch etwas anderes. Aber es erschien mir weniger zynisch. Als wir in der Konferenz anschließend darüber sprechen, stimmen mir viele zu. Seitdem wünschen wir zum Ende der Sendung häufiger einmal einen »guten« oder »angenehmen« Abend. Es sind eben keine schönen Zeiten.

An dem Abend gehe ich nachdenklich nach Hause. Ukraine. Corona-Krise. Klimakrise. Energiekrise. Eine Hiobsbotschaft jagt die nächste. Wir haben weniger Geld. Politiker rufen zum Verzicht auf, so wie Marie-Agnes Strack-Zimmermann von der FDP im August 2022, als sie von den Deutschen »Opferbereitschaft« fordert. Sich einzuschränken ist das Gebot der Stunde. Die Stimmung ist gedrückt. Wer will schon lachen angesichts der Kriegsbilder aus dem Osten Europas? Wer will und kann sich gut fühlen, wenn das Klima zu kippen droht? Wer will schon Spaß haben, wenn immer mehr Menschen nicht wissen, wie sie ihren Lebensunterhalt bezahlen sollen? Da fühlt man sich schnell schuldig.

Schon bald sitze ich wieder im Sender in der Maske. Tagsüber sind meistens zwei Kolleginnen oder Kollegen da, um die Sprecher und Moderatoren bei ARD-aktuell zu schminken. Ich bin müde, weil ich gestern erst spät ins Bett gekommen bin, und halte die Augen geschlossen. Die beiden Maskenbildnerinnen unterhalten sich, während auf einem großen Bildschirm die Nachrichten laufen. In der Ukraine hat die russische Armee eine Geburtsklinik beschossen. Eine Frau wird auf einer Trage blutüberströmt über ein Trümmerfeld transportiert. Sie stirbt wenig später, wie wir erfahren.

Eine der Maskenbildnerinnen greift zur Fernbedienung. »Ich schalte mal den Ton aus, ich kann das nicht mehr hören. Da wird man ja depressiv.«

Die andere entgegnet: »Ich habe schon Albträume davon.«

Ich sage nichts, aber denke: Aha, es geht nicht nur mir so.

Viele Freunde, Bekannte und Kollegen berichten, dass sie ihre Kompensationsstrategien haben: Fußballspielen, Häkeln, Gartenarbeit, Wandern. Alte Interessen und Hobbys werden reaktiviert, seit die Welt derart aus den Fugen geraten scheint, und manch einer schafft sich endlich den schon lange gewünschten Hund an.

Viele entscheiden sich auch dafür, einfach keine Nachrichten oder Talkshows mehr zu gucken. Die Einschaltquoten spiegeln das wider. Während der Corona-Pandemie hatten die Zuschauerzahlen der 20-Uhr-*Tagesschau* Rekorde geknackt. Mit Beginn des Kriegs in der Ukraine schalten deutlich weniger Menschen ein. Denn die einzige Information scheint zu sein: Es ist alles ganz schlimm, und es wird immer noch schlimmer.

Vor kurzem waren meine Eltern zu Besuch. Mein Vater, ein sehr humorvoller und lebensbejahender Mensch, blätterte im *Spiegel*, der bei uns im Wohnzimmer herumlag, und schlug ihn schließlich wieder zu. »Es ist wirklich alles schrecklich.«

Ich sah meinen Vater erstaunt an. Er ist Jahrgang 1938. Ich sagte: »Aber früher gab es doch auch schlechte Nachrichten! Die Kuba-Krise in den Sechzigern. Den Ölpreisschock in den Siebzigern. Tschernobyl in den Achtzigern ...«

Mein Vater nickte. »Ja, aber wir hatten dennoch immer das Gefühl, dass es vorangeht, dass es bergauf geht. Dass der Wohlstand zunimmt im Land und der Einzelne immer mehr Möglichkeiten bekommt. Das ist jetzt anders.«

In der Tat. In dem *Spiegel* geht es um den drohenden Abschwung. Die Krise sei ein »Symptom dafür, dass eine chaotische Epoche angebrochen ist. Dass sich vieles nicht vorübergehend ändern wird, sondern grundsätzlich – und wohl eher zum Schlechteren«. Der Artikel warnt: »Auf dem Spiel steht die Zukunftsfähigkeit des deutschen Wirtschafts- und Sozialmodells. Das mag hysterisch klingen, doch ein Blick auf das globale Chaos erklärt die Dynamik.« Und stimmt die Leser darauf ein, dass es darum gehe, »freiwillig auf Wohlstand« zu verzichten.

Gewiss, Krisen hat es zu allen Zeiten gegeben, aber im Moment haben wir es mit einem ganzen Bündel an Krisen und Herausforderungen zu tun, ganz unterschiedlicher Art, die auf verschiedene Weise auf uns einwirken.

Da ist zunächst einmal Corona. Das Virus wütet nun schon seit über drei Jahren. Mehr als 150 000 Menschen sind allein in Deutschland an der Atemwegserkrankung gestorben. Die Lockdowns und die übrigen Maßnahmen, die ergriffen wurden, um das Virus einzudämmen, hatten weitreichende Folgen, die aber ungleich verteilt waren. Es litten vor allem Menschen in kleinen Mietwohnungen und die Unternehmer in der Gastronomie und in der Veranstaltungsbranche. Weniger betroffen waren etwa Beamte in Einfamilienhäusern auf dem Land ohne Kinder. Fair war das nicht, und viele der Maßnahmen waren wohl auch nicht notwendig, wie etwa die Kita-Schließungen, denn Kindergärten waren, wie die Bundesregierung später einräumte, nicht Pandemietreiber.

Dann ist da natürlich der Ukraine-Krieg. Gerade, als man zu Beginn des Jahres 2022 das Gefühl hatte, dass die Pandemie langsam überwunden wäre, schlug Kreml-Diktator Putin zu und setzte seinen angedrohten Angriffskrieg gegen die Ukraine in die Tat um. Die Bilder von überfüllten Intensivstationen, von Menschen beim Antigen-Schnelltest oder beim Impfen wurden abgelöst von Bildern der Zerstörung, schreiender und weinender Frauen und Kinder und von Flüchtlingsströmen, wie es sie in Europa seit dem Zweiten Weltkrieg nicht mehr gegeben hat.

In einer tiefen Krise steckt auch unsere Debattenkultur, vor allem im Internet, wo selbst prominente Menschen, denen man ein Gespür für angemessenen Umgang unterstellt hätte, ausfallend und beleidigend werden oder in einer Weise pauschalisierend auftreten, wie man es bislang nur von Rechtspopulisten kannte. Vor allem bei Twitter, das ja, wie wir wohl inzwischen alle wissen, das Schlechteste im Menschen zum Vorschein bringt.

Da ist außerdem der Klimawandel. Nach Expertenaussagen steuert die vom Menschen verursachte Erderwärmung auf einen Kipppunkt zu. Das Thema Klimakrise ist wie die Corona-Pandemie und der Ukraine-Krieg allgegenwärtig. Die EU hat bereits 2020 angekündigt, bis 2030 im Rahmen eines »Green Deals« eine Billion Euro bereitzustellen. Das Aus der Verbrennermotoren ist beschlossen. Immer neue Windräderparks entstehen, immer mehr Solarpanels kommen zum Einsatz – und doch stehen wir erst am Anfang eines langen Weges: weg von fossilen Brennstoffen hin zu erneuerbaren Energien. Ein gewaltiger Transformationsprozess, der erst noch in Gang kommen muss – und bei

dem viele Angst haben vor möglichen Kosten und den Veränderungen, die diese Entwicklung für sie mit sich bringt.

Da ist das Thema Flucht und Migration. Viele Migran-
ten kommen nach Deutschland als Studenten oder Fach-
kräfte. Andere als EU-Ausländer im Rahmen der europäischen Freizügigkeit. Aber viele auch als Geflüchtete, wie
im vergangenen Jahr vor allem aus der Ukraine oder aus
Afghanistan und Syrien. Deutschland war nach Angaben
der UN Ende 2021 nach der Türkei und Kolumbien und
vor Pakistan und Uganda das Land, das die drittmeisten
Flüchtlinge aufgenommen hat, nämlich 2,2 Millionen. Auf
Platz zwei sind wir hinter den USA, was die Zahl der ge-
stellten Asylanträge angeht. Nach dem »Krisenjahr 2015«, in
dem die schnell anwachsende und hohe Zahl an syrischen
Flüchtlingen Deutschland vor große Herausforderungen
stellte, ist das Thema sensibel, politisch heikel und um-
stritten und polarisiert nach wie vor, vor allem angesichts
wieder steigender Flüchtlingszahlen.

Da sind zudem die Inflation und die größer werdende
Armut. Hilfsorganisationen wie die Tafeln in Deutschland verzeichnen einen so hohen Bedarf wie noch nie bei
gleichzeitig sinkenden Lebensmittelspenden. Wer durch
das Frankfurter Bahnhofsviertel geht oder die Dortmunder
Nordstadt oder Berlin-Wedding, der sieht sich mit einer
Form des sozialen Elends konfrontiert, das sich bereits mit
dem Beginn der Corona-Pandemie verschärft hatte und
nun, mit der Rekordinflation und dem erneuten Zustrom
vieler Schutzsuchender, gewaltige Ausmaße annimmt.

Und da ist schließlich das, was man die Durchpolitisie-
rung des Alltags nennen könnte – die allgegenwärtigen Dis-

kussionen um Gender-Sprache, kulturelle Aneignung und allgemein um Political Correctness. Nachrichten werden darauf hin durchleuchtet, mit welcher politischen Intention sie gebracht werden. Böse Debatten um einen Kinderchor, der von einer Oma als »Umweltsau« singt, um Talkshows, in denen »alte weiße Männer« über Rassismus diskutieren (»Letzte Instanzen«) oder Straftaten, bei denen Zuwanderer beteiligt sind, sind an der Tagesordnung. Um Inhalte geht es kaum. Dafür umso mehr um Frontenbildung: Wie tickt derjenige politisch, der mir gegenübersitzt? Verwendet er das richtige Vokabular? Empört er sich über die richtigen Dinge? Ist er Freund oder Feind?

Immer mehr Menschen laufen mit einem Politradar durch den Alltag, der alles darauf hin abscannt, mit wem wir es politisch zu tun haben. Ein Freund fragte, ob ich zu einer Satireshow in der Hamburger Laeiszhalle mitkommen würde. Warum nicht?, dachte ich. Einfach mal lachen. Ich dachte an irgendetwas in Richtung *Switch* oder *RTL Samstag Nacht*. Unterhaltsam, mal auf andere Gedanken kommen. Aber falsch gedacht. Das Satireprogramm war todernst. Es ging um: Krieg, Klima, Flucht. Und der Comedian, in der Rolle eines etwas trotteligen Zeitgenossen, arbeitete sich daran ab, wie unfähig die aktuelle Politik mit den Herausforderungen umgehe – mit einem an die Leinwand projizierten Affenfelsen, der irgendeine Statistik lustig wiedergeben sollte. Ich ging nach Hause, ohne ein einziges Mal richtig gelacht zu haben. Es war schrecklich.

Ist es wirklich
so schlimm?

Ist die Lage so schlimm, wie sie scheint, oder verfallen wir einem übertrieben Paniktrend?

Es kommt darauf an, was man als »schlimm« definiert. Schlimm ist sicherlich der Vertrauensverlust gegenüber den gesellschaftlichen Institutionen, der Politik, den Medien. Viele Menschen empfinden den Staat und staatliche Institutionen zunehmend als einen Gegner, der einem das Leben schwer macht – nicht nur Menschen, die man der rechten oder gar rechtsextremen Szene zuordnen würde, für die das natürlich ohnehin gilt. Der Eindruck, dass der Staat einem Steine in den Weg legt, ist heute Mainstream – und vielleicht ja auch nicht in jedem Fall ganz unzutreffend. Wir erinnern uns an die absurde Situation, dass während der Corona-Zeit Fallzahlen per Fax übermittelt wurden, während das längst auch digital möglich gewesen wäre. An absurde Maskenregeln, die nun wirklich keiner mehr nachvollziehen konnte: Passagiere im Zug sollten eine FFP2-Maske tragen, Zugbegleiter nur eine medizinische Maske – als würde das Virus da einen Unterschied machen. Im Flughafenterminal musste man keine Maske tragen – selbst wenn man bei den lange Zeit nicht funktionierenden Sicherheitskontrollen zu Hunderten dicht an dicht stand –, ab dem Einsteigen dann aber schon.

Oder man denke an Steuererklärungen, die daherkommen wie ein wissenschaftlicher statistischer Bericht und für Normalsterbliche einfach nicht nachvollziehbar sind. Oder an die Tatsache, dass plötzlich jeder Haus- und Wohnungseigentümer dem Staat Informationen zu Immobilien zusenden soll, inklusive aller möglichen Unterlagen, nachdem herauskam, dass die bisherige Regelung zur Grundsteuer verfassungswidrig war.

Schlimm ist unzweifelhaft der Wohlstandsverlust für viele Menschen in unserem Land. Die Armutsquote in Deutschland betrug 2022 laut Paritätischem Armutsbericht 16,6 Prozent, das sind 13,8 Millionen Menschen. Ein neuer Höchststand. Die Vermögensungleichheit hierzulande ist hoch, auch wenn nach Angaben der Bundesbank die vermögensärmeren Haushalte in Deutschland von 2009 bis 2021 etwas zu der reicheren Hälfte des Landes aufholen konnten. Allerdings entfielen immer noch 50 Prozent des gesamten Nettovermögens in Deutschland auf die oberen 10 Prozent. Und das war vor Inflation, Zinserhöhung und Ukraine-Krieg, die inzwischen selbst Teile der Mittelschicht vor Existenzfragen stellen. Viele sind schon froh, wenn sie ihren Lebensstandard einigermaßen halten können.

September 2022. Ich sitze in der Hamburger S-Bahn in Richtung Innenstadt. Nach jedem Halt geht jemand durch den Mittelgang und bettelt. Nach jedem einzelnen Halt! Ich steige am Hauptbahnhof aus. Hamburg ist statistisch eine der reichsten Städte Europas. Hier ist davon wenig zu sehen. Gleich in der Nähe, keine fünf Minuten vom Bahnhof entfernt, ist eine Methadon-Ausgabestelle. Was sich dort an menschlichen Dramen abspielt, ist kaum zu schildern. Anders in den westlichen Vororten oder in der Gegend um die Alster. Wer sich in Hamburg von einem Viertel ins andere bewegt, der kann die Spaltung der Gesellschaft in Arm und Reich sehr genau beobachten.

Ich fahre mit dem Zug von Hamburg nach Frankfurt. Zum Frankfurter Bahnhofsviertel muss man nicht mehr viel sagen. Hier geht es noch etwas heftiger zu als in der Hansestadt. Blut, Spritzen und Erbrochenes wechseln sich auf dem Bürgersteig ab. Die Verelendung ist schockierend.

Die Spaltung im Land hat viele Facetten. Und in unserer Wahrnehmung wird sie allerdings noch zusätzlich verstärkt. Wir lesen von Frauen, von Menschen mit Migrationshintergrund, von Alten und Jungen, von Ostdeutschen, die benachteiligt werden, weil sie sind, wie sie eben sind: Frau oder Mann oder Ostdeutscher und irgendwie nicht der »Norm« entsprechend. Alles richtig, aber – ohne bestehende Missstände und Probleme abtun zu wollen – könnte man nicht auch mal sagen, was wir schon alles erreicht haben? Wie gut manches funktioniert und dass sehr viele Menschen von sozialen Errungenschaften und gesellschaftlichen Veränderungen profitieren? Wenn man so manche hitzige Diskussion verfolgt, könnte man den Eindruck gewinnen, als sei das Unrecht die Norm in unserem Land. Und das wird doch wohl kaum jemand für ein korrektes Abbild der Wirklichkeit halten! Aber genau dieser Eindruck verfestigt sich in den Köpfen der Menschen, auch bei jungen Menschen: Es herrscht überall Unrecht in Deutschland!

Aber klar: Es gibt sie, diese Spaltung. Und sie nimmt zu – was aber nicht nur ein deutsches Phänomen ist. Die wachsende Kluft zwischen Arm und Reich ist vor allem ein globales Problem, und dem ein oder anderen schwant, dass Deutschlands Platz auf der Seite der reichsten Länder auf Dauer nicht garantiert ist. Ich habe vor kurzem einen Reiseführer über Dubai geschrieben, eine Stadt, in der ich drei Jahre gelebt und gearbeitet habe. Ich habe Freunde dort, kehre regelmäßig in die Hauptstadt des gleichnamigen Emirats zurück. Was mich zunehmend schockiert, sind die Preise dort. Übernachtungen für 1000 oder 2000 Euro die Nacht – in den besseren Hotels ist das inzwischen normal. Was auch damit zusammenhängt, dass der Dirham an den US-Dollar gekoppelt ist. Und je schwächer der Euro sich zum Dollar entwickelt, desto teurer wird es für Menschen aus der Eurozone. Für russische Staatsbürger sieht das anders aus. Entgegen allen Erwartungen schoss der Rubel-Wechselkurs seit Beginn des Ukraine-Kriegs durch die Decke, macht für Russen den Urlaub am Golf immer billiger. Dabei rede ich nicht von Oligarchen, denen sowieso alles egal ist, sondern von vielen Millionen Menschen der russischen Mittelschicht, die sich Urlaube in den Luxushotels in Dubai leisten können. Ebenso wohlhabende Nigerianer und Äthiopier. Der weltweite Wohlstand verlagert sich immer mehr in Richtung China, Indien und andere aufstrebende Schwellenländer. Im Entstehen begriffen ist eine neue Weltordnung, in der – vereinfacht gesagt – gilt: Wir brauchen sie, aber sie nicht uns. Nicht mehr.

Das mag nach einem Luxusproblem klingen, ist es aber nicht. Denn je abhängiger wir werden von den russischen, chinesischen und arabischen Despoten dieser Welt und je unabhängiger sie von uns werden, desto schlechter steht es um die Stabilität unseres Wohlstands. Das dürfte spätestens mit dem Angriffskrieg auf die Ukraine klar geworden sein. Die Vorherrschaft des Westens nähert sich ihrem Ende. China, Indien, Russland, die reichen arabischen Staaten sind bevölkerungsreicher, rohstoffreicher und jünger, sie sind politisch hoch ambitioniert und machthungrig. Wer sich in Dubai umschaut, bekommt gewissermaßen einen Eindruck von der neuen Weltepoche: Wer dort im Luxus schwelgt, sind russische Mittelständler, reiche Äthiopier und Nigerianer, für die Geld keine Rolle spielt.

Ist das schlimm? Dass der Westen Macht abgibt, dass sich globaler Wohlstand neu sortiert? Man könnte sagen: Ist doch gut, dass der Reichtum endlich auch in anderen, bis vor kurzem bitter armen Ländern ankommt – wenn wir nicht gleichzeitig wüssten, dass der Reichtum in der Regel von einer ohnehin schon wohlhabenden Oberschicht abgeschöpft wird und nur sehr spärlich bis zu den ärmeren Schichten durchsickert.

Eines bringt diese historische Zäsur zwangsläufig mit sich: Unsicherheit. Denn wie sich die Welt im Einzelnen neu sortiert, lässt sich heute noch nicht absehen. Idealerweise wird es so sein, dass in einer neuen multifokalen Welt verschiedene Kulturen, Länder und Wirtschaftsräume einander gegenseitig voranbringen: durch Wissensaustausch, Handel und Kooperation. Eine solche Entwicklung ist nicht unwahrscheinlich, denn bisher wenig entwickelte Länder haben Rohstoffe, die der Westen, wie gesagt, dringend braucht. Diese Länder sind gleichzeitig Investitionsräume.

Um Volkswirtschaften aufzubauen, benötigen sie Investitionen. Andere Länder wie Indien oder auch Äthiopien sind bereits dabei, sich ökonomisch dynamisch zu entwickeln. Das wäre die bestmögliche Option.

Wenn es allerdings weniger gut läuft, dann werden Errungenschaften wie Demokratie und individuelle Freiheit abgelöst von einer neuen autoritären Epoche, in der sich Nationalökonomien nicht gegenseitig befeuern, sondern zu Waffen in den Händen machthungriger Despoten und zwielichtiger Regime werden. Eine Welt, in der sich Kultur- und Machträume unversöhnlich gegenüberstehen, in der es um Vorherrschaft und nicht um ein Miteinander geht.

Es ist eine Entwicklung mit offenem Ausgang. Nur eines scheint klar zu sein: Der Westen wird an Bedeutung verlieren. Was immer das für uns bedeutet.

Der panische Zeitgeist und die Folgen

Also okay. Es sieht nicht gut aus auf der Welt. Doch anstatt dem Negativen etwas Positives entgegenzusetzen, stürzen sich die Menschen ausschließlich auf das Negative und verstärken es noch. Das ist der panische Zeitgeist, der quer durch alle Schichten, Parteien, Organisationen und Gruppen weht.

In der Politik vermutet man die Panikmacher vor allem bei der AfD. Angehörige und Sympathisanten dieser Partei spielen gezielt mit den Ängsten der Menschen und malen gern ein düsteres Bild von der Zukunft. Das ist nicht neu. Aber sie sind damit beileibe nicht die Einzigen. Es ist inzwischen Mainstream.

Die Sprecherin der Grünen Jugend, Sarah-Lee Heinrich, stellte im November 2022 kategorisch fest: »Es wird kaum etwas besser, aber vieles schlimmer.«

Bundespräsident Steinmeier prognostizierte in einer Grundsatzrede im Oktober 2022, es kämen »härtere, raue Jahre auf uns zu«. Die Friedensdividende sei aufgebraucht. Das Land befinde sich in der tiefsten Krise seit der Wiedervereinigung.

Wirtschaftsvertreter wie Jörg Kramer, Chefvolkswirt bei der Commerzbank, beobachten eine »Erosion der Standortqualität« in Deutschland. Und die Forschungseinrichtung Deutsche Bank Research sieht die derzeitige Krise als »Ausgangspunkt für eine beschleunigte Deindustrialisierung«. Pleitewellen, Abwanderung von energieintensiven Unternehmen ins Ausland – das alles sei praktisch schon beschlossene Sache.

Und dann natürlich das Klima! Auf der Weltklimakonferenz in Scharm El-Scheich stellte UN-Generalsekretär António Guterres fest: »We are on a highway to climate hell.«

Der Verhaltensmodus des panischen Zeitgeists ist – wie sollte es anders sein – nicht besonnenes Handeln, sondern Aktivismus. Der Aktivismus will gegen die vermeintlichen und realen Missstände vorgehen, aber so, wie er es tut, verstärkt er das Problem eher, als dass er sie beseitigt. Vor die Wahl gestellt zu sagen: »Für eine bessere Zukunft für uns alle«, oder aber: »Wenn wir nichts tun, geht die Welt unter«, entscheidet sich der Aktivismus im Zweifel für die zweite Variante. Luisa Neubauer sagte auf dem Weltklimagipfel in Scharm El-Scheich im November 2022 gegenüber der *Tagesschau*: »Jedes sechsjährige Kind hat jeden Grund, extreme Angst vor der eigenen Zukunft zu haben.« Das ist Greta Thunberg, die der Menschheit auf dem Weltwirtschaftsforum 2019 entgegengeschleudert: »I want you to panic!«

Die Medien und, ja, damit auch wir Journalisten leben bekanntermaßen von schlechten Nachrichten. »Heute kein Flugzeugabsturz« ist nun mal keine Meldung. Was Quote und Klicks bringt, sind Tragödien, Unfälle und Katastrophen. Auch in den Medien ist daher zu lesen und zu hören: Es wird alles immer nur noch schlimmer. Die Zeitung *Die Welt* titelte im November 2022: »Was Deutschland betrifft, hilft nur noch ein Wunder.« Die *Tagesschau* meldete im selben Monat: »Die Pollen werden aggressiver.« Am selben Tag im Magazin *Der Spiegel*: »Die Stürme werden heftiger.« Apropos *Spiegel*. Der porträtierte in besagter Ausgabe zunächst eine Familie, die wegen der Wohnungsnot im Wohnwagen lebt, und stellte fest, in die Schweiz auszuwandern »könnte ein Ausweg sein«. Anschließend gab es ein Dossier über Sterbehilfe und – vielleicht für die, die sich um die hohen Bestattungskosten sorgen – einen Artikel über den Wegfall der Sargpflicht. Immer mehr Menschen würden sich einfach im Leichentuch beerdigen lassen. Und das alles zu Beginn des Winters, während es draußen bereits schneit und die Energiepreise explodieren. Wer da noch gute Laune behält, kann kaum nüchtern sein – oder schaut sich das alles aus sicherer Entfernung an. Die Schriftstellerin Monika Maron etwa antwortete in einem Interview auf die Frage »Wären Sie gerne jung in dieser Zeit?«: »Ja, dann könnte ich auswandern.«

Und so prasseln jeden Tag düstere Prognosen und kategorische Imperative auf uns ein: Stell dich auf das Schlimmste ein! Schränk dich ein! Bring Opfer! Gerate in Panik! Nichts wird gut!

Das ist der panische Zeitgeist, der heute unser Leben bestimmt. Mit schlimmen Folgen. Denn wenn pausenlos Angst geschürt und Schrecken verbreitet wird, wen wundert es da, dass die Menschen zunehmend verschreckt und ängstlich sind?

Die Trendstudie »Jugend in Deutschland« der Jugendforscher Simon Schnetzer und Klaus Hurrelmann konstatierte Ende 2022: »Jugend sieht Ende der Wohlstandsjahre« und verzeichnete ein Schwinden der Zuversicht »wegen schwerer Belastung von Psyche und Finanzen«. Aus den sich überlagernden Krisen resultierten Stress, Antriebslosigkeit und Erschöpfung. Etwa ein Viertel der Jugendlichen habe Depressionserfahrung, und jeder Zehnte äußere Suizidgedanken. Lebensqualität, wirtschaftliche Lage, gesellschaftlicher Zusammenhalt und politische Verhältnisse würden immer schlechter bewertet.

Ein Stimmungsbild, das bei Erwachsenen wohl nicht viel anders ausfallen würde.

Weltuntergangskrisen addieren sich, begleitet von ständig neuen Appellen, durchzuhalten oder sich einzuschränken. Und wer inmitten der Corona-Pandemie noch daran glaubte, man müsse nur eine gewisse Zeit durchhalten, dann sei alles vorbei und »wie früher«, der sah sich schon bald ernüchtert. Corona beschäftigt uns noch immer, und nun kommt sogar noch ein Krieg dazu. Experten warnen vor Deindustrialisierung und einem nicht umkehrbaren Wohlstandsverlust.

Meldungen und Prognosen dieser Art erzeugen fast zwangsläufig ein Gefühl der Ohnmacht. Was kann man denn überhaupt tun? Sparen? Mehr arbeiten? Auswandern? Eine andere Partei wählen? Selbst politisch aktiv werden?

Das scheint heute für immer weniger Menschen infrage zu kommen. Der Politikwissenschaftler Philip Manow sprach im Interview mit der *Welt* vom Phänomen der »negativen Selektion«, dass nämlich die »schlauesten, kreativsten, ehrgeizigsten, interessantesten Leute woanders hingehen«, aber nicht in die Politik. Er sieht eine Abwärtsspirale bei der Kompetenz des politischen Personals, die sich eben daraus ergebe, dass sich dort nur noch die versuchten, die woanders keine Chance hätten. Und das bei den derzeitigen Herausforderungen! Da kann einem wirklich angst und bange werden.

Und wen gibt es sonst, der uns als Kollektiv Hoffnung, Trost, Optimismus spenden könnte? Denn es gibt ja beileibe nicht nur die Politik. Da wären vor allem die Kirchen zu nennen, die jahrhundertelang in Europa eine Konstante im Leben der Menschen darstellten, die den Menschen Halt und Orientierung in der Welt boten. Jedenfalls im Idealfall.

Auch heute spielen für viele Menschen im Land die Kirche und der Glaube noch eine große Rolle. Aber die Zahlen der Gottesdienstbesucher sind stark rückläufig. Immer mehr Kirchen müssen geschlossen werden. 2022 war erstmals der Punkt erreicht, da in Deutschland weniger als die Hälfte der Menschen Mitglied einer der beiden großen Kirchen war. Eine historische Zäsur. Woran liegt das? Hat die Kirche nicht eine Frohe Botschaft zu verkünden, und fehlt es uns nicht an einer solchen mehr denn je? Eine These wäre, dass es vielleicht doch nicht so gut ankommt, wenn die evangelische Kirche sich zunehmend aktuellen politischen Themen widmet. Denn davon suchen viele ja gerade Abstand. Und die katholische Kirche, die sich vor politischen Themen in der Regel hütet, ist selbst zum Politikum geworden mit den inzwischen aufgedeckten Missbrauchsfällen und dem anschließenden katastrophalen Krisenmanagement. Eines haben beide Kirchen auf jeden Fall gemeinsam: Die Schäfchen suchen in Scharen das Weite.

Der Vertrauensverlust betrifft auch unser Miteinander im täglichen Umgang. Dass die Gesellschaft »auseinanderbricht«, davor warnen Politiker seit geraumer Zeit regelmäßig, aber gern in vagen Worten. Oft ist von einem Zusammengehörigkeitsgefühl die Rede, das verloren zu gehen drohe. Wobei es mit diesem Zusammengehörigkeitsgefühl, mit einer nationalen Identität also, ja so eine Sache ist. Historisch ohnehin vorbelastet, fallen gerade Identitätsdebatten durch besondere Bissigkeit und Unerbittlichkeit auf.

Das gilt auch für Diskussionen um Teilhabe und Gleichberechtigung, die von vielen Menschen inzwischen als lästig oder gar als Zumutung empfunden werden. Unterscheidungsmerkmale von Minderheiten und Personengruppen, die Diskriminierungen ausgesetzt sind, sind wichtig und müssen genau definiert werden, keine Frage. Doch in der öffentlichen Debatte werden solche Definitionen nicht verwendet, um ganz konkret Minderheitenschutz oder mögliche Teilhabe einzufordern, sondern sie dienen im Gegenteil der Abgrenzung. Statt Kompromisse zu suchen, ergeht man sich in Schuldzuweisungen.

Es herrscht mittlerweile eine Negativität in der Gesellschaft, die man noch vor einigen Jahren nicht für möglich gehalten hätte. Zu Beginn der Corona-Pandemie, so erinnere ich mich, wurde vielfach behauptet, in solch einer Zeit bekomme das Gemeinschaftsgefühl wieder eine größere Bedeutung. Was für eine Fehleinschätzung! In Zeiten, in denen wir uns, wenn überhaupt, anonym mit Masken begegnen und jeder Mensch potenzieller Viren-Spreader ist, wurden die Mitmenschen nur noch als Gefahr gesehen, die man sich tunlichst vom Leibe halten sollte.

Was mich persönlich ärgert und immer wieder empört, ist ganz konkret die daraus resultierende Unfreundlichkeit und Unhöflichkeit im Umgang miteinander. Offenbar werde ich langsam alt, denn ich ertappe mich immer wieder dabei, wie ich Menschen, die hinter mir gehen, die Tür aufhalte, zum Beispiel. Das tat man so, in der Welt, in der ich aufwuchs. Das ist passé, heute lässt man offenbar auch einem Menschen mit Gehbehinderung die Tür vor der Nase zufallen. Eine Freundin berichtete mir von einer Zugreise. An dem Tag waren zwei Züge ausgefallen. Alle Passagiere mussten in einen nachfolgenden Zug umsteigen. Es gab nicht genügend Plätze, und meine Freundin musste – wie viele andere – im Gang stehen. So auch ein altes Ehepaar. Unmittelbar neben dem Ehepaar saßen zwei junge Menschen auf ihren Plätzen. Meine Freundin, die das sah, fragte das Paar freundlich, ob sie den beiden alten Leuten nicht ihre Plätze geben wollten. Die Antwort: »Wieso, die können sich doch auf ihre Koffer setzen.« Meine Freundin war sprachlos.

Verhalten wie dieses, aber auch viele der Äußerungen und Beiträge zum Zustand der Welt, zeigen Merkmale von Verbitterung. Verbitterung betrifft Menschen verstärkt in Zeiten sozialer Umbrüche, wie wir sie gerade erleben. Menschen verbittern, wenn sie dauerhaft Erfahrungen machen, die sie als ungerecht empfinden, Menschen etwa, die prekär beschäftigt sind, oder Menschen, die aus den unterschiedlichsten Gründen unter den Corona-Maßnahmen leiden, Menschen, die ganz allgemein das Gefühl haben, politischen

Entwicklungen hilflos ausgeliefert zu sein. Die Gründe sind vielfältig und bei jedem Menschen unterschiedlich, aber das Resultat ist jeweils das gleiche. Experten sprechen von einer »posttraumatischen Verbitterungsstörung«. Der verbitterte Mensch sieht sich als Opfer böser Kräfte und fühlt sich ungerecht behandelt. Das gesamte Denken kreist um dieses Gefühl. Alles, was passiert, was man hört, sieht oder liest, wird als Bestätigung der persönlichen Misere gesehen. »Da haben wir's wieder! Das habe ich gleich geahnt!« Wobei die Verbitterungsmauer immer massiver wird und es für die Betroffenen immer schwieriger macht, diese wieder einzureißen.

Ein relativ junges Phänomen in der Social-Media-Welt ist das sogenannte »Doomscrolling«. Das englische Wort »doom« bedeutet so viel wie »Weltuntergang«. Doomscrolling betreiben Personen, die gefangen sind in einem Dauerkonsum von Katastrophenmeldungen. Man sieht die Katastrophenjunkies förmlich vor sich, wie sie zu Hause im Dunkeln unter der Decke mit dem Handy kauern und sich mit großen Augen die Schlagzeilen reinziehen: »Putin droht mit Nuklearschlag«, »Neue Rekordinflation – Leben wird unbezahlbar«, »Nächste Corona-Welle im Anflug«, »Ist die Klimakatastrophe noch aufzuhalten?«

Das Smartphone und das Internet machen es möglich. Früher musste man im Fernsehen auf eine Nachrichtensendung erst warten, die einen mit möglichen Katastrophen versorgte. Doch für Katastrophen war das Fernsehen, zumindest in seiner Zeit bis zum Aufkommen der Privatsender, eher nicht zuständig. Nicht die Nachrichten dominierten, sondern Familienformate, Rateshows, Musiksendungen und Spielfilme, vom Bildungsfernsehen mal ganz abgesehen. Das ist in der Welt der sozialen Medien von heute anders. Der Dauerkonsum von schlechten Nachrichten ist nicht nur möglich, er wird auch noch gefördert. Wer sich einmal mit dem schlechten Zustand der Welt beschäftigt, den versorgen die Algorithmen fortan zuverlässig mit immer neuen Informationen über all das Böse, Bedrohliche und Zerstörerische da draußen. Ein Sog, aus dem manche nicht mehr herausfinden.

Untersuchungen zu dem Phänomen zeigen, dass der Körper von Menschen, die Doomscrolling betreiben, vermehrt Stresshormone ausschüttet. Die Menschen schlafen schlechter, sind ängstlicher, machen sich vermehrt Sorgen und neigen zu Depressionen. Folgen, die bei Personen, die bereits vorbelastet sind – etwa aufgrund einer psychischen Erkrankung –, besonders ausgeprägt sind.

Neben denjenigen, die sich dem Dauerkonsum der Horrornachrichten aussetzen, gibt es diejenigen, die sich abwenden vom Nachrichtengeschehen, weil sie das alles nicht mehr hören und sehen wollen. Auch für dieses Phänomen gibt es einen modischen Namen: »News-Fatigue«, zu Deutsch: »Nachrichtenerschöpfung«.

Die Strategie dieser Menschen lautet: einfach nicht hingucken! Mich erinnert das an eine Folge der Dokumentationsserie *Sekunden vor dem Unglück*, in der die Bruchlandung des United-Airlines-Fluges 232 im Jahr 1989 analysiert wird. Darin kam eine Überlebende zu Wort, die gefragt wurde, was sie kurz vor dem Unglück getan habe. Die Maschine befand sich in einem Sturzflug, der Pilot rief »*Brace!*« (also so viel wie: »Festhalten!«) über den Lautsprecher, und allen war klar, dass dies kein gutes Ende nehmen würde. Die Frau sagte: »Ich habe die Fensterverdunkelung runtergeschoben. Ich musste ja nicht noch sehen, wie das Ende naht.« So ungefähr geht es Menschen mit News-Fatigue, die keine Nachrichten mehr sehen wollen.

Es gibt Menschen, die sich vom Nachrichtengeschehen vollständig lösen. Andere legen eine Art Kompensationsverhalten an den Tag. Sie schalten nicht einfach den Fernseher nicht mehr ein und lesen keine Zeitung mehr, sondern errichten sich zudem mit Ersatzhandlungen eine kleine heile Welt, in die sie sich einspinnen wie in einen Kokon, um so irgendwie die schlimmen Zeiten zu überstehen.

Der Effekt kann heilsam sein, er kann aber auch dazu führen, dass sich bei diesen Menschen das beklemmende Gefühl verfestigt: Die Welt da draußen geht den Bach runter. Ich bin auf mich allein gestellt. Alles ist hoffnungslos.

Nun, eine solche Reaktion ist gewiss kein wünschenswerter Effekt.

The Sound of Music

Zugegeben: Das war jetzt auch nicht gerade eine erbauliche Darstellung des Ist-Zustands. Fast so niederschmetternd wie eine Nachrichtensendung. Aber nachdem Sie bis hierhin durchgehalten haben, wird es besser, versprochen!

Die Frage, die sich mir stellt, ist: Gibt es keine andere Möglichkeit, mit dem Negativen in der Welt umzugehen, als sich entweder von ihm anstecken zu lassen, wie es vor allem auf den Social-Media-Seiten geschieht, oder vor den Meldungen in den Medien krampfhaft die Augen zu verschließen, um sich mehr oder weniger in sich selbst zurückzuziehen und ein freudloses Dasein zu fristen?

Oder anders gefragt: Müssen wir angesichts der schlimmen Dinge, die in der Welt geschehen, wirklich unglücklich sein?

Ich meine: Was bringt das?

Ich zum Beispiel bin nicht unglücklich. Mir geht es sogar gut. Mehr als das. Ich würde sagen, ich habe die beste Zeit meines Lebens. Ich habe einen wunderbaren Job, der mir Spaß macht und von dem ich gut leben kann. Ich bin im besten Alter, gesund und habe ein wunderbares soziales

Umfeld. Ich habe eigentlich nichts, das mir Sorgen machen müsste. Dafür empfinde ich Dankbarkeit und Demut, zwei Faktoren, von denen Psychologen sagen, dass sie Bausteine des Glücks sind – aber dazu später.

Und vielleicht gerade weil ich im Allgemeinen sehr glücklich und zufrieden bin, beschäftigt mich die Überflutung mit schlechten Nachrichten. Denn ich will mich einfach nicht schlecht fühlen. Doch der Zustand der Welt scheint das permanent zu verlangen. Es gibt da also diese Diskrepanz zwischen meiner eigentlich vorhandenen Lebensfreude, dem Wunsch, das Beste aus dem Hier und Jetzt zu machen, und den Horrormeldungen, die jeden Tag auf mich einwirken. Dass sie auf mich einwirken, hatte mir der Abend im *Tagesschau*-Studio, als ich den Zuschauern keinen »schönen Abend« wünschen mochte, mehr als deutlich vor Augen geführt. Aber ich habe die Situation weiterhin stoisch ertragen. Bis das Thema durch einen Zufall eines schönen Abends im Winter 2021 für mich aktueller wurde denn je.

Eine meiner frühesten Kindheitserinnerungen ist, wie meine Mutter einmal in der Woche Klavierunterricht nahm – und jedes Mal habe ich »dazwischengefunkt«, weil ich selbst spielen wollte. Irgendwann gab meine Mutter wegen der permanenten Störung auf, stattdessen begann ich mit Klavierunterricht. Ich war da noch sehr jung. Später – ich war inzwischen in der Grundschule – ging ich jeden Montagnachmittag in einen wuchtigen Altbau in der Kirchreihe in Wilhelmshaven, wo in einem riesigen Raum mit fünf Meter hohen Decken am hinteren Ende ein Klavier stand und die Klavierlehrerin auf mich wartete. Wie wahrscheinlich jeder Klavierschüler hasste ich die Etüden, öde Übungsstücke für die Geläufigkeit und Technik. Viel lieber lernte ich sofort »richtige« Stücke. Die Technik würde sich schon irgendwie von selbst ergeben. Gern spielte ich Stücke von Edvard Grieg. Der norwegische Komponist ist ja vor allem wegen seiner in Filmen und in der Werbung häufig verwendeten Stücke der *Peer Gynt*-Suiten bekannt. Aber er hat auch wunderbare Stücke für Klavier komponiert, etwa die *Lyrischen Stücke*, eine Sammlung kurzer Kompositionen, in denen er zum Teil traditionelle norwegische Melodien verarbeitet. Oder auch die *Norwegischen Tänze*, die zum Teil eine erstaunliche Ähnlichkeit zu arabischen Tonfolgen aufweisen.

Nach und nach wagten wir uns an immer komplexere und schwierigere Stücke: Beethovens *Mondscheinsonate* etwa oder das cis-Moll-Prélude von Rachmaninow, das ich nach einiger Zeit ganz gut beherrschte. Ich spielte gern, übte zu Hause mehr, als ich etwa Schularbeiten machte, und so spielte ich auch hin und wieder bei Veranstaltungen vor, auch beim Wettbewerb »Jugend musiziert«, wo ich mit einem zweiten Platz einen kleinen Achtungserfolg verbuchen konnte. Die Vorgabe war, dass man Stücke aus verschiedenen Epochen spielen musste. Ich kann mich erinnern, dass ich als modernes Stück ein Werk des tschechischen Komponisten Bohuslav Martinů spielte: »Vánoční koledy«, das ein wenig wie der Soundtrack zu *Star Wars* klang. Außerdem »An den Frühling« von Grieg und die Klaviersonate Nr. 59 von Joseph Haydn. Es lief alles gut und fehlerfrei. Platz eins ging aber an einen sehr ambitionierten Jungen, für den schon damals feststand, dass er einmal Konzertpianist werden wollte. Ich war nur aus Spaß an der Freude angetreten.

Mit vierzehn oder fünfzehn – so genau erinnere ich mich nicht mehr – hörte ich mit dem Unterricht auf. Pubertät halt. Man hat andere Prioritäten in dem Alter. Ein Fehler, wie ich heute sagen würde. Denn Klavierspielen machte mich glücklich, nur war mir das damals gar nicht bewusst. Ja, das Klavier bei uns zu Hause war weiterhin da, aber ich spielte immer weniger und kaum noch neue Stücke. Nach dem Abitur und dem Auszug zu Hause hörte ich endgültig auf. Da war ich achtzehn. Ganze dreiundzwanzig Jahre lang spielte ich dann nicht mehr.

Bis meine Tochter im Winter 2021 Klavierunterricht bekam. Wir hatten zu dem Zeitpunkt kein Klavier zu Hause. Damit sie üben konnte, kauften wir ihr ein E-Klavier. Ein Billigprodukt. Die Tasten klapperten, das Pedal wackelte. Und es klang wirklich nicht besonders gut. Aber es stand nun einmal da, und irgendwann setzte ich mich neugierig auf den Klavierhocker. Damit die Nachbarn von den noch etwas einfachen Übungen meiner Tochter nicht genervt wurden, hatte das Klavier einen Kopfhöreranschluss. Man konnte also stumm üben.

Vorsichtig setzte ich die Fingerspitzen auf die Tasten, überlegte mir, welches Stück ich versuchen könnte. »Alla Turca« von Mozart! Das habe ich damals vor so vielen Jahren so häufig gespielt, auch weil es so bekannt ist und Freunde und Verwandte es immer hören wollten. Würde ich es noch hinbekommen?

Ich war selber überrascht: Es war noch da! Ja, einige Noten stimmten nicht ganz, nicht alles funktionierte, wie es sollte. Aber im Großen und Ganzen klappte es ganz gut. Ich spielte immer weiter. Und nach einigem Neuansetzen und mehreren Versuchen brachte ich das Stück zu Ende, und es hatte ganz passabel geklungen. Am nächsten Tag hatte ich Muskelkater in den Fingern.

Ich spielte immer mehr, manchmal mehrere Stunden am Tag. Bestellte mir neue Noten, übte den dritten Satz der *Mondscheinsonate*, »La Campanella« von Liszt, die *Arabesken* von Debussy. Chopins *Etüden* und *Fantaisie-Impromptu*. Kein einfacher Stoff. Manches habe ich früher schon einmal gespielt, anderes war neu. Und ich stellte fest: Es tat mir wahnsinnig gut. Es ist wie beim Sport. Wenn man sich auf die Sache konzentriert, intensiv übt, können die Gedanken gar nicht abschweifen. Die Musik und die technischen Probleme, die man bewältigen muss, nehmen einen völlig in Beschlag.

Weswegen ich mich immer wieder – und immer häufiger – an das klapprige Klavier setzte? Die schöne Musik konnte es nur bedingt sein. Denn, wie erwähnt, das billige E-Klavier klang recht furchtbar. Nein, es war das Üben als solches.

Das Einstudieren von Musik hat etwas Geheimnisvolles an sich. Es ist ein unermüdlicher Wiederholungsakt, bis man den Notentext irgendwann in den Fingern hat. Diesen Punkt zu erreichen, wenn die Finger wie von selbst spielen und der Kopf sich ganz um den musikalischen Ausdruck kümmern kann, ist einzigartig. Denn jetzt kann man die Melodie wirklich zum Leben erwecken.

Ein Instrument zu üben hat viel mit Ausdauer und Präzision zu tun. Deswegen habe ich während meiner Schulzeit wohl auch logische Zahlenreihen im Mathematikunterricht so geliebt. Sich die fehlenden Zahlen zu erschließen und am Ende ein korrektes stimmiges Ganzes entschlüsselt zu haben, damit konnte ich mich stundenlang beschäftigen. Und aus dem gleichen Grund liebte ich Latein, wählte es als Leistungsfach. Eine Abfolge von Wörtern, deren Sinn und Bedeutung sich nicht durch den Satzbau erschließen ließen, sondern einzig durch die logische Analyse und Textarbeit.

Geheimnisse und Rätsel wecken in vielen von uns Neugier und einen gewissen Ehrgeiz, nehme ich an. Warum sonst lösen so viele Menschen Kreuzworträtsel oder spielen Sudoku? Aber bei der Musik geht es um mehr, als nur ein Rätsel zu knacken. Musik erschafft eine Stimmung, der sich niemand entziehen kann, und das überall auf der Welt.

Bleiben wir noch ein wenig bei dem Thema. Was ist überhaupt Musik? Wenn ich wahllos auf dem Klavier klimpere oder auf der Gitarre herumschrammele, wird wohl kaum jemand die Geräusche als Musik bezeichnen. Oder doch?

Ich erhielt einmal eine Einladung ins Berliner Konzerthaus, wo das Qatar Symphonic Orchestra auftrat und unter anderem die *Qatar Symphonie* von Salim Abdul-Karem uraufführte. Eigens eingereist aus Doha: Scheicha Musa, die einflussreiche Gattin des damaligen Emirs. Nun, einige Teile der Symphonie bestanden aus den Klängen, die ein Orchestermitglied mit einem Bottich voll Wasser erzeugte, sowie aus Geräuschen von den Straßen Dohas, die von Band eingespielt wurden – Autohupen, rufende Menschen. Und das sollte Musik sein?

Eine Definition von Musik lautet: »Musik ist die Kunst

der Töne und/oder Klänge.« Das erscheint mir einleuchtend, denn diese Definition umfasst alles, die Töne eines Klaviers ebenso wie die Geräusche, die wir mit unserer Stimme oder eben mit einem Wasserbecken erzeugen. Pfeifen, Klatschen, Trommeln – all das und viel mehr ist Musik.

Schallwellen erreichen unser Ohr, und das Innenohr leitet diese dann über den Gehörnerv weiter an den Hirnstamm und von dort aus weiter an den auditiven Kortex. Der Schall, den Musik erzeugt, gelangt aber erst in unser Bewusstsein, nachdem das Gehirn die akustischen Reize weiterverarbeitet hat. Dazu müssen viele verschiedene Hirnareale zusammenarbeiten. Ein einziges Musikzentrum gibt es im Gehirn nicht. Erst durch die Aktivierung des auditiven Kortex sowie verschiedener Sprach-, Motorik- und visueller Areale wird aus den Schallwellen für uns der wahrnehmbare, erlebbare Klang. Außerdem beteiligt: das Emotionszentrum, das limbische System und das Belohnungszentrum. Schallwellen wirken also auf unsere sprachliche, visuelle, akustische, emotionale Wahrnehmung. Und das ist der Grund, warum Musik für uns mehr ist als bloße Schallwellen, die in unsere Ohren dringen.

Und Musik wirkt nicht nur über Schallrezeption im Gehirn. Wir können sie auch physisch spüren, vor allem tiefe Töne. Wir nehmen sogenannte taktile Reize auf, die auf unseren Tastsinn wirken, etwa an Fingerkuppen, Lippen, Fußsohlen oder Händen. Manche Musiker spielen daher gern barfuß, weil sie dann die tiefen Töne auch körperlich »hören« können. Und aus diesem Grund können selbst taube Menschen Musik wahrnehmen und zum Beispiel im Takt tanzen.

Musik ist zweifellos eine der ältesten Kunstformen der Menschheit. Man hat 40 000 Jahre alte Flöten gefunden, und bereits im alten Ägypten gab es Versuche mit der Notation von Melodien. Musik wurde seit Urzeiten zu religiösen und medizinischen Zwecken eingesetzt. Die sumerisch-akkadische Prinzessin En-hedu-anna soll vor etwa 4300 Jahren mit selbst komponierten Tempelhymnen versucht haben, Kranke zu heilen. Religiös-musikalische Heilrituale, mit denen Götter beschworen und Dämonen vertrieben werden sollten, waren die gesamte Frühantike hindurch weit verbreitet. Während der klassischen Antike sollten kranke Menschen mit Hilfe von Musik wieder »in Ordnung« gebracht werden, das heißt, es sollte eine innere Balance wiederhergestellt werden. Und im Mittelalter war Musik fester Bestandteil des Medizinstudiums. Später, während der Renaissance, wurde Musik stärker mit der Psyche und den Empfindungen in Verbindung gebracht. Die Musik sollte mit ihren harmonisierenden Schwingungen die Lebensgeister ansprechen. So sollten unter anderem Geistes- und Gemütskrankheiten mit sogenannter »Arztmusik« geheilt werden. Medizin und Musik begannen dann erst in der Romantik sozusagen getrennte Wege zu gehen. Im 20. Jahrhundert, nach dem Zweiten Weltkrieg, wurde Musik dann aber als Therapieform wiederentdeckt und hat sich schließlich zu einem Ausbildungsberuf entwickelt.

Zugegeben, um Tempelhymnen und die Harmonisierung der Lebensgeister war es mir zunächst nicht gegangen. Aber was ich schon bald an mir feststellte: Die Musik zeigte Wirkung. Sie veränderte mich.

Inzwischen sind etwa zwölf Monate vergangen. Die Nachrichtenlage hat sich verändert, aber kaum gebessert. Aber was sich gebessert hat, ist meine Stimmung. Ich merke, dass das Klavierspielen hilft, mich zu »resetten«, den Kopf frei zu bekommen, und dass ich dadurch auch wieder mehr im Reinen bin mit den Nachrichten, denen ich mich als *Tagesschau*-Sprecher nun mal nicht entziehen kann.

Und ich habe inzwischen ein richtiges Klavier! Hat einen super Klang. Und meine Sorge, ich könnte die Nachbarn mit meinem Üben nerven, hat sich inzwischen als unbegründet erwiesen – zumindest sagen alle, dass sie sich sehr über die dezente Hintergrundmusik freuen.

Wenn ich gefragt werde: »Wie hältst du diese schlechten Nachrichten nur die ganze Zeit aus?«, antworte ich inzwischen: »Mit meinem Klavier. Ich spiele dagegen an.« Für gewöhnlich werde ich dann groß angeschaut, bis ich erkläre, was es damit auf sich hat. Dass ich nämlich damit einen Ausgleich schaffe, der der Negativität etwas Positives entgegensetzt und mich wieder ins Lot bringt.

Dabei ist es gar nicht so, dass ich die ganze Zeit klassische Musik höre. Hin und wieder schon. Beim Autofahren etwa, denn ich habe festgestellt, dass mich das auch hier beruhigt. Ich fahre ungern Auto, finde die Aggressivität und Rücksichtslosigkeit schrecklich. Etwas, worüber ich mich wirklich ärgern kann. Mit klassischer Musik kann ich diesen Ärger so gut wie abschalten. Herrlich.

Zu Hause laufen meistens Kinderlieder. »Das sind Bibi und Tina auf Amadeus und Sabrina«, »Das ist der beste Sommer«, »Paw Patrol – Retter auf vier Pfoten«. Bei den

Kinderliedern bin ich inzwischen textsicher. Der eigene Musikgeschmack bleibt da ein bisschen auf der Strecke. Das war früher natürlich anders. Ich fand Musik der Siebziger und Achtziger super. »Hotel California« oder Totos »Africa«.

Früher wurde vom Musikgeschmack der Menschen schnell auf ihren sozialen Status geschlossen. Klassik und Jazz waren die Musik der Oberschicht und der Intellektuellen, Rock und Pop die der Mittelschicht, und die Unterschicht hörte Schlager und Volksmusik. Inzwischen hat sich das glücklicherweise geändert. Eine Studie des Max-Planck-Instituts für empirische Ästhetik aus dem Jahr 2015 hat gezeigt, dass immer mehr, vor allem jüngere Menschen, querbeet Rock, Jazz, Klassik, Pop und Metal hören. Sie werden als »Omnivores«, also »Allesfresser«, bezeichnet. Die Max-Planck-Studie ergab, dass jeder vierte von etwa tausend befragten Studenten seinen Musikstil je nach Stimmung wählt. Die Studie förderte aber noch weitere interessante Ergebnisse zutage. Etwa die, dass ausgewiesene Rockmusikhörer am wenigsten offen zu sein scheinen für andere Musikarten wie Jazz oder Klassik, dass Klassikhörer hingegen am flexibelsten sind, was die Musikrichtung angeht. Und – was für die Forscher eine echte Überraschung war – es gab kaum einen Zusammenhang zwischen sozialer Herkunft und Musikgeschmack, sondern einen zwischen, wie sie es nannten, »musikalischem Wissen« und Ausbildung – dass sich also junge Menschen mehr als frühere Generationen eigenständig und intensiv mit Musik auseinandersetzen und vielfältigere Musik hören, als das früher der Fall war.

Doch wenn es nicht mehr unsere soziale Stellung ist, die unseren Musikgeschmack bestimmt – was ist es dann? Warum mag der eine die Sex Pistols und der oder die andere lieber Lady Gaga? Oder ganz generell gefragt: Ist jeder Mensch musikalisch? Und wie viel von dieser Musikalität ist angeboren und wie viel ist Prägung?

Eine schwierige Frage. Natürlich sind wir stark von unserer Umgebung beeinflusst. Musik, die unsere Eltern, Großeltern und Geschwister hören, prägt uns. Und das schon sehr früh. Ab dem vierten Schwangerschaftsmonat können Babys Töne wahrnehmen und bekommen mit, was Mama und Papa so für Musik hören. Unsere eigentliche musikalische Identität finden wir dann allerdings erst später, in der Pubertät, der Zeit, in der wir hin- und hergerissen sind zwischen emotionalen Extremen wie Euphorie, Traurigkeit, Zweifel, Liebe, Einsamkeit. Musik greift Emotionen auf und gibt ihnen einen Raum, in dem wir uns als Jugendliche wiederfinden. Wenn die Musik und die Emotion, die sie transportiert, deckungsgleich sind, fühlen wir uns wohl – und das prägt uns für den Rest unseres Lebens. Mit Ende der Pubertät, so sagen Wissenschaftler, ist unsere musikalische Selbstfindung im Wesentlichen abgeschlossen, und wir bleiben unserem Musikgeschmack treu. Was dann folgt, sind quasi nur noch Variationen des einen Themas.

Meine Wiederentdeckung des Klaviers ist daher vielleicht auch der Versuch, ein Stück Kindheit und Jugend in mir wieder zu aktivieren.

Wie auch immer. Fakt ist: Die Musik hat mich von der vielleicht drohenden News-Fatigue geheilt. Klavierüben tut

mir gut. Ich verliere mich voll und ganz darin, und anschließend habe ich den Kopf wieder frei für die Anforderungen
in meinem Beruf. Ich fühle mich glücklich in Zeiten des
Unglücks.

2. Kapitel

WAS IST GLÜCK?

Chemie des Glücks

Meine Umgebung nahm die positive Veränderung an mir schnell wahr. Freunde, Bekannte, Kollegen – sie fragten nach und hörten interessiert zu, wenn ich von meiner musikalischen Parallelwelt berichtete. Die Reaktionen waren ganz unterschiedlich. »Na ja, wenn dir das Geklimper guttut« war eine, oder: »Das würde ich auch gern können« eine andere. Ein paar Kolleginnen und Kollegen äußerten auch ihre Skepsis, weil ich mich als Journalist ihrer Meinung nach in eine Art Scheinwelt flüchtete. Das sei nicht der richtige Weg, mit der harten Realität umzugehen. Was ich da betreibe, sei eine Art Ablenkung, mit der ich nicht zuletzt die Qualität meiner journalistischen Arbeit gefährden würde. Da war ich baff und wurde nachdenklich. Sollte das wirklich stimmen? Glück in Zeiten des Unglücks – war das etwas, was man sich besser verkniff?

Ich beschloss, der Sache nachzugehen.

Glück: Jeder kennt das Gefühl, aber es lässt sich dennoch so schwer definieren. Auch weil es uns in so unterschiedlichen Erscheinungsformen begegnet.

Es gibt das Glück, etwas gewonnen zu haben. Oder wenn

man noch schnell in die U-Bahn gesprungen ist, bevor die Tür zugeht. Puh, Glück gehabt!

Wir empfinden großes Glück bei der Geburt eines Kindes.

Beim erfolgreichen Schulabschluss oder Studienabschluss. Endlich geschafft!

Glück beim Nichtstun, wenn wir auf einer Wiese liegen und in den Himmel schauen, während die Wolken langsam vorbeiziehen.

Glück, wenn wir mit Freunden gemeinsam feiern.

Es gibt Dinge, die machen wohl alle von uns glücklich: Wenn wir mit freundlichen Menschen zusammen sind. Wenn wir von Herzen lachen können.

Andere Formen des Glücks sind individuell verschieden: Glück, wenn wir einen bestimmten Duft wahrnehmen, wenn wir das eine Lied hören, den einen Film sehen, der uns an etwas Schönes erinnert.

Was also ist Glück? Gefühle wie Verzweiflung, Trauer, Wut sind greifbarer. Man kann leicht umreißen, was diese Emotionen ausmacht. Aber Glück? Wenn alles perfekt ist? Kann das nicht auch sehr langweilig sein? Oder wenn ich bekomme, was ich möchte? Aber will ich denn immer das Richtige?

Philosophen arbeiten sich seit Jahrhunderten daran ab, Glück zu definieren. Für Aristoteles war Glück »das höchste Ziel des menschlichen Lebens«. Wobei er daran glaubte, dass man dieses Ziel vor allem durch tugendhaftes Verhalten erreiche. Ganz im Gegensatz zu seinem Philosophen-Kollegen Epikur, dem es bei Glück auch um Lust ging. So werde man dadurch glücklich, dass man unerfüllte Bedürfnisse befriedigt. Eine weniger heitere Glücksdefinition formulierte Arthur Schopenhauer, der schrieb, dass »glücklich leben« ein Euphemismus sei und nur bedeuten könne, »weniger unglücklich« zu sein, also »erträglich zu leben«. Und auch Friedrich Nietzsche stand dem Glück kritisch gegenüber, da es meist von äußeren Umständen abhinge, die man kaum beeinflussen könne. Glücklich sein bedeutete für ihn, dem Schicksal zu trotzen, es in die eigenen Hände zu nehmen. Heute beschreiben manche Psychologen Glück als »gelingendes Leben« mit Höhen und Tiefen. Der *Duden* definiert Glück als eine »angenehme und freudige Gemütsverfassung, in der man sich befindet, wenn man in den Besitz oder Genuss von etwas kommt, was man sich gewünscht hat«. Es sei ein »Zustand der inneren Befriedigung und Hochstimmung«. Glücksforscher sprechen von einem subjektiven Wohlbefinden, das für jeden etwas anderes bedeuten kann. Für Psychologen ist es »gekennzeichnet vom häufigen Auftreten positiver Gefühle und seltenem Auftreten negativer Emotionen«.

Aha. So richtig hilft uns das aber alles nicht weiter. Vielleicht sollten wir uns der Frage statt von seiner philosophischen von seiner physiologischen Seite nähern. Im Zentrum der Forschung steht dabei, wie sollte es anders sein, das Gehirn. Mit seinen 80 Milliarden Nervenzellen ist es der Ort, an dem die großen Emotionen gemacht werden: Eifersucht, Liebe, Neid – und Glück. Das sogenannte Belohnungs- und Motivationssystem im Gehirn ist dafür zuständig, dass wir Glück empfinden können – etwa wenn wir eine Aufgabe lösen oder mit einer gewissen Anstrengung etwas Angestrebtes erreichen. Dann »sagt« uns dieses System: Gut gemacht!

Dopamin spielt dabei eine wichtige Rolle, ein Neuro-transmitter, der auch als »Botenstoff des Glücks« bekannt ist. Neurotransmitter bedeutet, dass der Stoff Signale zwischen den einzelnen Nervenzellen weiterleitet. Dopamin hat eine stark motivierende Wirkung auf uns und ist Teil des besagten Belohnungssystems unseres Gehirns. Dopamin macht uns zudem geselliger, gesprächiger und offener. Dank Dopamin können wir Glück empfinden, wobei es wie so häufig auf die richtige Balance ankommt. Wenn ein Gehirn zu wenig Dopamin ausschüttet, kann eine Parkinson-Erkrankung die Folge sein. Bei zu viel Dopamin kann es zu Wahnvorstellungen oder Schizophrenie kommen. Doch Dopamin ist nicht nur Botenstoff des Glücks, sondern auch der Sucht. Weil es uns Glück empfinden lässt, wollen manche Menschen ständige Dopaminausschüttungen erleben – oder die Dopamin-Dosis sogar noch steigern.

Dann ist da das sogenannte Oxytocin, das auch als »Bindungs-« oder »Kuschelhormon« bezeichnet wird. Das wohlige Gefühl beim Kuscheln oder bei körperlicher Nähe geht maßgeblich auf diesen Stoff zurück. Es steigert unser Wohlbefinden und stärkt unsere zwischenmenschliche Beziehung. Bei Oxytocin handelt es sich um verschiedene Aminosäuren, die in einem Teil des Gehirns, dem Hypothalamus, entstehen und über die Hirnanhangdrüse ausgeschüttet werden. Es hat dabei eine doppelte Wirkungsweise: einerseits als Neurotransmitter im Gehirn, außerdem als Hormon in den Blutbahnen. Vielen Frauen dürfte Oxytocin aus ihrer Schwangerschaft ein Begriff sein, denn es löst die Wehen bei der Geburt aus und kann daher auch geburtseinleitend eingesetzt werden. Doch damit nicht genug.

Oxytocin hilft uns, besser mit Stress umzugehen. Es hat Einfluss auf den Blutdruck und wirkt daher entspannend. Für einen Zustand innerer Ausgeglichenheit und Zufriedenheit ist ein weiteres Hormon zuständig – Serotonin. Es stimuliert jene Hirnregionen, die für die emotionale Regulation und das Gleichgewicht der Gefühle verantwortlich sind.

Und dann gibt es natürlich noch die Endorphine, die unser Gehirn zum Beispiel beim Musikhören freisetzt oder auch, wenn wir Sport treiben. Endorphine sind unter anderem für die Regulierung von Hunger zuständig, aber auch von Schmerzen – so werden Endorphine etwa bei Verletzungen aktiviert. Und sie können dafür sorgen, dass wir Euphorie empfinden, weil sie mit der Produktion von Sexualhormonen in Verbindung stehen. Küssen sorgt zum Beispiel dafür, dass wir Endorphine ausschütten, aber auch UV-Licht und manche Gewürze wie etwa Chili.

Hat also das Klavierspielen bei mir chemische Reaktionen ausgelöst?

Genauso ist es, sagen Wissenschaftler. Aus einer sogenannten Cochrane-Studie aus dem Jahr 2017 geht hervor, dass Musiktherapie bei der Behandlung von Depressionen ebenso wirksam sein kann wie herkömmliche Therapien. Bei der Verminderung von Ängsten kann das Musizieren sogar der herkömmlichen Behandlung überlegen sein.

Auch in der Medizin tut Musik ihre Wirkung. So haben Untersuchungen ergeben, dass Patienten, denen während der Operation Musik vorgespielt wurde, weniger Schmerzmittel benötigten, weniger postoperativen Stress entwickelten und weniger Angstzustände hatten als Vergleichspatienten – und zwar unabhängig davon, ob sie unter Vollnarkose waren oder nicht. Zudem deuten evidenzbasierte Studien darauf hin, dass Schlaganfallpatienten unter Hilfe von Musik motorische Fähigkeiten leichter wiedererlangen können, dass zusätzlich mit Musik behandelte Brustkrebspatientinnen besser mit dem Stress während und nach einer Strahlenbehandlung zurechtkommen oder sich die Atemfrequenz und Sauerstoffsättigung von Frühgeborenen unter dem Einfluss von Musik verbessert.

Ganz besonders wirksam ist übrigens gesungene Musik. Eine Studie aus dem Jahr 2013 konnte zeigen, dass Menschen, die sich als unglücklich bezeichneten, nach drei Monaten wöchentlichem Singen im Chor ausgeglichener und zufriedener wurden. Außerdem gebe es Hinweise, dass gemeinsames Singen das Immunsystem stärkt.

Aber nicht nur, wenn wir krank sind, entfaltet Musik heilende Kräfte – wie ich ja am eigenen Leib erfahren habe. Jeder kann von der glücklich machenden Wirkung der Musik profitieren. Denn sie weckt über ihre Wirkung auf visuelle Gehirnzentren Bilder, die wir mit einem bestimmten Klang, einer bestimmten Musik verbinden. Sie weckt Emotionen und Erinnerungen. Erinnerungen an kalte Herbstabende, an denen draußen der Sturm den Regen gegen unsere Fensterscheiben zu Hause peitschte und es drinnen beschaulich und warm war.

Wenn ich zum Beispiel zufällig den Gospel »Go down Moses« höre oder nur an ihn denke, erinnere ich mich jedes Mal an einen Auftritt in der Schulzeit gemeinsam mit Schülern einer befreundeten französischen Partnerschule im Rahmen einer Musikwoche. Es war kurz vor den Sommerferien, und in Norddeutschland herrschte extreme Hitze, und wir hatten eine Veranstaltung an Deck eines Schulschiffes, das im Hafen vor Anker lag. Ich spielte die Begleitung zu »Go down Moses«, und die französischen Gastschüler sangen auf der Bühne, während alle, Aufführende wie Publikum, bei 35 Grad in der prallen Sonne schwitzten. Gleich anschließend zogen wir uns die T-Shirts aus, sprangen von der Reling in das kühle Meer und ließen den Abend mit dem mitgebrachten französischen Rotwein ausklingen. Das war 1995, wir kannten kein Facebook, kein Twitter, keine Smartphones. Die technischen Revolutionen jener Zeit waren DVD-Player und CDs.

Beim Klavierspielen kommen mir natürlich Erinnerung an meine Kindheit in Cuxhaven, vor allem an die Tage am Meer. Das Aufwachsen an der See, den Strand vor der Tür – was mir damals bisweilen öde vorkam, erscheint mir aus heutiger Sicht als großes Privileg. Eine Kindheit in einer heilen Welt, deren schöne Seiten mir so präsent sind wie seit vielen, vielen Jahren nicht, ausgelöst durch die Musik, die ich aus jener Zeit kenne.

Ganz allgemein lässt sich über unsere Reaktion auf Musik sagen: Schnelle, laute Musik wirkt unter anderem motivierend – weswegen etwa im Fitnessstudio die Bässe wummern und die Lautstärke voll aufgedreht ist. Sanfte Musik sorgt dafür, dass wir uns entspannen. So hat der bulgarische Pädagoge und Psychologe Georgi Losanow in einem Experiment seinen Teilnehmern Barockmusik in einem Tempo von sechzig Schlägen pro Minute (also sehr gemächlich) vorgespielt. In der Folge sank der Blutdruck der Probanden, der Herzrhythmus verlangsamte sich, und die

Gehirnwellenaktivität nahm ab auf Entspannungsniveau. Ist doch klar, mag man da sagen. Aber: Um zu sehen, ob es nur der ruhige Rhythmus war, der für Entspannung sorgte, setzte Losanow seine Probanden in einem zweiten Schritt dem ruhigen Ticken eines Metronoms aus. Und siehe da: Die Entspannung blieb aus, die meisten waren schnell von dem Ticktack und der Monotonie genervt.

Vielleicht war auch der eine oder andere Proband von der Barockmusik genervt. Wer weiß? Dass es nicht egal ist, wer uns mit welcher Musik beglückt und beruhigt, ist klar, und auch dazu gibt es ebenfalls aufschlussreiche Studien. Etwa diejenige von Gabriele Voit aus dem Jahr 2015 (*Strauss bei Stress?*). Sechzig Teilnehmer wurden jeweils fünfundzwanzig Minuten lang Musik von Mozart (Symphonie Nr. 40), Johann Strauss (verschiedene Tänze) und ABBA ausgesetzt und daraufhin untersucht, wie sich bestimmte körperliche Parameter veränderten. So wurden Herzfrequenz, Blutdruck und Cortisolspiegel vor und nach dem Musikkonsum gemessen. Das Ergebnis: Mozart wirkte am besten, insbesondere wenn es um die Senkung des Blutdrucks ging. ABBA zeigte gar keine Wirkung. Wichtig dabei: Es habe keinen Zusammenhang gegeben mit der jeweiligen Lieblingsmusik. Mozart tut seine Wirkung auch bei denen, die seine Musik eigentlich nicht so gern mögen.

Dass Mozarts Musik diesen Effekt hat, darauf haben bereits mehrere Untersuchungen hingewiesen. So sollen Neugeborene, deren Mütter während der Schwangerschaft Musik von Mozart hörten, nach der Geburt ruhiger gewesen sein. Entdeckt wurden sogenannte Kompositionscharakteristika (basierend auf einer bestimmten Periodik, der Wiederholungsstruktur und den damit verbundenen Wiedererkennungseffekten), die sich günstig auf das Herz-Kreislauf-System auswirken sollen.

Die Musik von Strauss zeichnet sich durch sehr einfache Strukturen und eingängige Melodien aus, die unsere Herzen offenbar automatisch langsamer schlagen lassen und für Entspannung sorgen. Die Untersuchung kam unter anderem zu dem Schluss, dass sich unser Cortisolspiegel senkt, wenn eine Melodie eingängig ist und es nur zu wenigen Lautstärken- und Rhythmusänderungen kommt. Und vor allem: kein Text! Zu gesungener Musik können wir uns schlechter entspannen.

Forscher haben ebenfalls herausgefunden, dass der Schlüssel zur positiven Wirkung von Musik ist, dass die Stücke, die wir hören, mit der Stimmung, in der wir uns bereits befinden, übereinstimmen muss. Das heißt, wenn wir traurig sind, sollten wir auch traurige Musik hören. Das führt im Endeffekt dazu, dass wir uns besser fühlen.

Aber natürlich kommt es auch darauf an, was wir individuell mit dem jeweiligen Musikstück verbinden. Wenn jemand ausgerutscht ist und sich das Bein gebrochen hat, während im Hintergrund Mozarts *Kleine Nachtmusik* lief, wird er wahrscheinlich doch nicht rundum glücklich werden, wenn er später dieses Stück hört, egal was Wissenschaftler über seine beruhigende Wirkung sagen.

Charakter –
Was man mitbringt

Soweit zur Chemie, die uns glücklich macht. Aber es ist natürlich klar: Jeder Mensch ist anders. Nicht nur in seinen Vorlieben, sondern in seinem ganzen Verhalten. Der eine hat ein sonniges Gemüt, der andere neigt eher zur Schwerblütigkeit. Vermutlich trägt jeder von uns alle möglichen Charaktereigenschaften in sich, sie zeigen sich nur unterschiedlich stark ausgeprägt. Und so reagiert auch jeder anders auf Krisen und Schreckensmeldungen aller Art.

Es ist eine Frage, die mir häufig in Interviews gestellt wird: Wie würden Sie sich beschreiben? Tja, gute Frage. Wer kann das mal eben so einfach beantworten? Vieles ist situationsabhängig. Grundsätzlich halte ich mich für jemanden, der nicht so schnell aus der Ruhe zu bringen ist. Ich halte wenig von hektischer Betriebsamkeit oder blindem Aktionismus. Ich werde eher ruhig und konzentriert, wenn die Arbeitsbelastung zunimmt. Aber auch da gibt es Ausnahmen: Autofahren zum Beispiel ist etwas, bei dem ich mich wirklich aufregen kann. Nicht weil ich besonders forsch fahre, sondern im Gegenteil, ich ärgere mich fürchterlich darüber, wie rücksichtslos und gefährlich manch einer auf unseren Straßen unterwegs ist. Ich bin sehr für ein Tempolimit auf Autobahnen und mehr Geschwindigkeitskontrollen in unseren Städten. Wer mal auf einer Autobahn in der Schweiz unterwegs war, der wird den gewaltigen Unterschied zu Deutschland festgestellt haben. Wie das Tempolimit dort automatisch dazu führt, dass das Fahren viel weniger aggressiv und gefährlich ist als bei uns.

Und nein: Ich neige nicht gerade zu Traurigkeit. Natürlich gibt es dunkle Winterabende oder Situationen, in denen meine Stimmung nicht positiv ist. Recht schnell komme ich dann aber zu dem Punkt, an dem ich denke: Es wird nicht besser, wenn du trüben Gedanken nachhängst, also nutz die Zeit lieber für etwas, das dir guttut!

Ich bin sehr froh, dass ich offenbar so ticke. Ich kenne Menschen, die unter Depressionen leiden, und daher weiß ich, wie sehr das die Lebensqualität beeinträchtigen kann, um es milde auszudrücken, und ich bin froh, dass ich offenbar keine Tendenz in diese Richtung habe.

Privat sind mir bisher schwere Krisen und Schicksalsschläge weitestgehend erspart geblieben. Beruflich und privat bin ich glücklich und zufrieden mit dem, was ich habe und wie es läuft. Bloß die Welt scheint aus den Fugen zu geraten.

Soweit meine laienhafte Selbstanalyse. Wie würde ein Wissenschaftler, ein Psychologe oder ein Neurologe das sehen? Woher kommen diese meine Charaktereigenschaften, und wie lassen sie sich womöglich bewusst beeinflussen?

Zur Beurteilung des Charakters – und damit auch zu der Frage, wie krisenfest jemand ist – haben Forscher bereits in den dreißiger Jahren das sogenannte »Big Five«-Modell entwickelt. Damals wollten die US-Psychologen Gordon Allport und Henry Odbert herausfinden, aus welchen Merkmalen sich der menschliche Charakter zusammensetzt. Sie wählten einen Ansatz, der zunächst recht ungewöhnlich erscheint. Weil sie glaubten, dass sich sämtliche Charaktereigenschaften, die ein Mensch hat, in der jeweiligen sprachlichen Beschreibung spiegeln, nahmen sie das umfangreichste Wörterbuch der damaligen Zeit – *Webster's New International Dictionary* – und durchforsteten es nach allen Begriffen, die einen Menschen mit seinen Wesensmerkmalen beschreiben konnten, also etwa »geduldig« oder »ängstlich« und so weiter. Insgesamt ermittelten sie 17 953 Begriffe. In einem nächsten Schritt fassten sie diejenigen Begriffe nach Gruppen zusammen, die verwandte Eigenschaften beschreiben, wie etwa »gesellig« oder »kontaktfreudig«. Und sie ordneten Begriffe einander zu, von denen man damals aufgrund statistischer Analysen wusste, dass sie typisch für einen bestimmten Charakterzug sind. Wer etwa besonders »gewissenhaft« ist, ist meistens auch »zuverlässig«.

Nach und nach konnten Allport und Odbert die vielen tausend Begriffe fünf grundlegenden Eigenschaften zuordnen, die unseren individuellen Charakter in unterschiedlicher Ausprägung formen: »Offenheit«, »Gewissenhaftigkeit«, »Extraversion«, »Verträglichkeit« und »Neurotizismus«.

»Offenheit« beschreibt eine Charaktereigenschaft von Menschen, die neugierig, phantasievoll und erfinderisch sind. Die gern auch Nervenkitzel, Spannung und Abwechslung suchen, die gern reisen und unterwegs sind. Menschen, die über weniger Offenheit verfügen, legen dagegen mehr Wert auf eine vertraute Umgebung. Sie sind vorsichtig, mögen Regeln und feste Abläufe. Sie sind bodenständig.

»Gewissenhaftigkeit« beschreibt einen Menschen, der gut organisiert und diszipliniert ist, der sehr genau arbeitet und vorausschauend plant. Ein gewissenhafter Mensch ist zudem zielstrebig und ehrgeizig. Am anderen Ende des Spektrums stehen Menschen, die schludrig arbeiten, unpünktlich und nachlässig sind. Und die nicht gern Verantwortung übernehmen.

»Extraversion« beschreibt Menschen, die kontaktfreudig sind, die gesellig, lustig und spontan sind. Extravertierte Menschen sind voller Energie und unternehmungslustig, aber auch durchsetzungsstark. Wenig extravertierte Menschen sind oft Einzelgänger, sie werden als schweigsam und zurückgezogen wahrgenommen. Sie sind häufig mit ihren eigenen Gedanken beschäftigt und arbeiten am liebsten allein.

»Verträglichkeit« beschreibt Menschen, die freundlich, hilfsbereit und harmoniebedürftig sind. Verträgliche Menschen sind hervorragende Teamworker. Wenig »verträgliche« Menschen sind unterkühlt und streitsüchtig. Sie sind egoistisch und haben ein ausgeprägtes Konkurrenzbewusstsein.

Schließlich – und das ist für die Krisenfestigkeit eines Menschen besonders wichtig – geht es um »Neurotizismus«. Neurotische Menschen neigen zu Depressionen und sind besonders ängstlich. Sie sind nervös, labil und machen sich ständig Sorgen. Selbstmitleid ist ebenfalls ein Charakterzug eines neurotischen Menschen. Demgegenüber sind wenig neurotische Menschen emotional besonders stabil und können mit Krisen gut umgehen, sie sind, wie man sagt, »resilient«.

Das »Big Five«-Modell gilt bis heute als das universelle Standardmodell und hat sich in zahlreichen Studien bewährt. Aber natürlich gab es auch Kritik. Es wurde angezweifelt, ob fünf Faktoren zur Beschreibung eines Charakters tatsächlich ausreichend sind. Nun, es kommt eben auf die Mischung an. Da jeder der fünf Faktoren auf einer Skala von 1 (schwach ausgeprägt) bis 5 (stark ausgeprägt) mit allen anderen Faktoren kombinierbar ist, ergibt sich eine erstaunlich große Menge von Persönlichkeitsvarianten, nämlich genau 3125. So kann der eine ängstlich, gewissenhaft, aber unternehmungslustig sein und der andere emotional stabil, aber kaltherzig und nachlässig.

Ich konzentriere mich auf den Aspekt, der für Krisenbewältigung besonders wichtig zu sein scheint: den sogenannten Neurotizismus. Geprägt wurde der Begriff von dem britischen Psychologen Hans Jürgen Eyseneck zur Beschreibung von Personen, die emotional in unterschiedlichem Grad instabil sind. Jemand, der neurotisch ist, ist oft launisch, empfindlich, ängstlich, kann schlecht mit Stress umgehen und ist zudem anfällig für emotionale und psychische Beschwerden wie Burn-out oder Depressionen. Neurotiker sind weniger belastbar und sterben früher. Weil neurotische Charaktereigenschaften Einfluss auf das Verhalten am Arbeitsplatz haben, führen viele Unternehmen sogenannte Neurotizismus-Tests durch.

Wie ich festgestellt habe, kann man solche Tests sogar im Internet machen. Ich beschließe, einen Selbstversuch zu unternehmen, und rufe das entsprechende Programm auf.

Ich sehe mich einem umfangreichen Fragenkatalog gegenüber. Die meisten Antworten kann ich mit einem hundertprozentigen »Trifft zu« oder »Trifft nicht zu« beantworten.

	Trifft zu	Trifft nicht zu
• *Ich bin ein Einzelgänger.*	☐	☒
• *Ich bin ein höflicher Mensch.*	☒	☐
• *Ich achte darauf, immer freundlich zu sein.*	☒	☐
• *Ich bin ein neugieriger Mensch.*	☒	☐
• *Ich habe schon immer ein starkes Bedürfnis nach Sicherheit und Ruhe gespürt.*	☐	☒
• *Ich reise viel, um andere Kulturen kennenzulernen.*	☒	☐
• *Ich bin ein ängstlicher Typ.*	☐	☒
• *Oft überwältigen mich meine Gefühle.*	☐	☒
• *Ich fühle mich oft unsicher.*	☐	☒
• *Ich verspüre oft eine große innere Unruhe.*	☐	☒
• *Ich bin mir in meinen Entscheidungen oft unsicher.*	☐	☒
• *Ich bin oft ohne Grund traurig.*	☐	☒
• *Ich achte sehr darauf, dass Regeln eingehalten werden.*	☐	☒

	Trifft zu	Trifft nicht zu
• *Ich würde meine Laune nie an anderen auslassen.*	✗	☐
• *Ich bin ein gesprächiger und kommunikativer Mensch.*	✗	☐
• *Ich kann Menschen verstehen, die sagen, es gibt wichtigere Dinge als Einfluss und Politik.*	✗	☐

Einige beantworte ich mit »Trifft eher zu«:

• *Ich bin gern mit anderen Menschen zusammen.*

• *Ich will immer neue Dinge ausprobieren.*

• *Am glücklichsten bin ich, wenn viele Menschen mich bewundern und es toll finden, was ich mache.*

• *Ich grüble viel über meine Zukunft nach.*

• *Ich habe schon immer ein starkes Bedürfnis verspürt, nach meinen eigenen Maßstäben der Beste zu sein.*

• *Ich komme gut mit anderen aus, auch wenn sie nicht meiner Meinung sind.*

Bei gewissen Fragen bin ich unsicher. Ich würde gern antworten: »Kommt drauf an ...«

• *Ich bin sehr pflichtbewusst.*

Nein, wenn es darum geht, den Müll rauszubringen, ja, wenn es um den Job geht.

- *Im Grunde bin ich oft lieber allein.*

Im Grunde bin ich gern mit Menschen zusammen, aber nach zehn Stunden im Newsroom, fünf Konferenzen, etlichen Diskussionen, Interviews, anschließend zwei Stunden mit den Kids spielen und Überraschungsbesuchen von Freunden (und ja, solche Tage gibt es mehr, als man denkt) – nun, dann bin ich sehr froh, wenn ich abends noch zwei Stunden allein in aller Ruhe auf dem Sofa sitzen kann.

- *Ich kann schnell gute Stimmung verbreiten.*

Ja, kann ich – wenn ich will und in der richtigen Laune bin.

- *Ich diskutiere gern.*

Auch ja, aber eben auch nicht ständig und überall.

- *Auch kleine Schlampereien stören mich.*

Nicht jede kleine Schlamperei. Aber mir fällt sofort ein Beispiel ein, bei dem ich sehr strikt bin: Pünktlichkeit. Ich bin ein extrem pünktlicher Mensch und empfinde das als eine Form des Respekts anderen Menschen gegenüber. Und ich empfinde es umgekehrt als extrem respektlos, wenn man mich warten lässt oder unpünktlich ist. Bei den meisten anderen Dingen bin ich aber sehr entspannt.

- *Ich gehe gern auf Partys.*

Auch hier: Es kommt drauf an. Auf den Arbeitstag, der hinter mir liegt, Party mit wem und wo? Nach drei Nachtschichten im Winter bei schlechtem Wetter mit irgendwem auf irgendeine Party gehen – muss nicht sein.

Zwei Fragen fielen mir besonders schwer:

• *Auch kleine Bußgelder sind mir sehr unangenehm.*

Hmmm …

• *Ich träume oft davon, berühmt zu sein.*

Ja, es gibt eindeutig berühmtere Menschen als mich. Aber eine gewisse Prominenz habe ich natürlich, seitdem ich die 20-Uhr-*Tagesschau* präsentiere. Von daher träume ich nicht davon, sondern es ist irgendwie Realität – mit allen Vor- und Nachteilen, die das mit sich bringt.

Ich klicke auf »Auswertung« und bekomme eine Tabelle präsentiert, die nach den »Big Five«-Kategorien unterteilt ist. Darunter noch eine schriftliche Kurzanalyse, die zu folgendem Ergebnis kommt:

• *Insgesamt: Sie neigen nicht zu übermäßiger Unruhe, Nervosität oder Ängstlichkeit und können mit Stress und Druck in der Regel gut umgehen.*

• *Extraversion: Sie sind außergewöhnlich gesellig und unternehmungslustig.*

• *Offenheit: Sie sind ein sehr offener und aufgeschlossener Mensch.*

- *Gewissenhaftigkeit: Sie sind oftmals sehr sorglos und leichtfertig. Pflichterfüllung ist nicht ihr Lebensmotto.*

- *Soziale Verträglichkeit: Sie sind meist direkt und wenig diplomatisch.*

- *Bedürfnis nach Anerkennung: Sie wollen außergewöhnliche Leistung erbringen und haben ein starkes Bedürfnis nach Anerkennung.*

- *Bedürfnis nach Sicherheit und Ruhe: Sie legen im Leben kaum Wert auf Sicherheit und Planbarkeit, sondern richten ihr Leben eher an anderen Dingen aus.*

So ganz erkenne ich mich darin nicht wieder. Vor allem das Urteil zur sozialen Verträglichkeit halte ich für nicht zutreffend. Ich halte es aber auch für sehr schwierig, sich selbst zu beurteilen. Wer ist sich selbst gegenüber schon unparteiisch? Eigentlich, so denke ich, müsste den Fragebogen jemand ausfüllen, der mich gut kennt und meine Charaktereigenschaften ganz unvoreingenommen beurteilt.

Aber vor allem: Die Auswertung gibt mir höchstens eine vage Idee davon, wie gut oder schlecht ich wirklich mit konkreten Problemen und schwierigen Situation umgehen kann. Darüber hinaus beantwortet sie mir nicht die Frage: Wie stärke ich meine antineurotische Persönlichkeit?

Das kann natürlich kein Test leisten. Das kann nur ich selbst tun.

Aber wie?

Anders gefragt: Wie bringe ich mein Gehirn dazu, positive Botenstoffe und Hormone auszuschütten? Mein Eindruck ist: Die Voraussetzungen dafür sind nicht schlecht, denn ich bin grundsätzlich nicht besonders neurotisch. Aber kann ich meine Serotonin- und Oxytocin-Produktion noch etwas ankurbeln?

Gleichzeitig bleibt natürlich die Frage, wie es kommt, dass sich bestimmte Persönlichkeitsmerkmale bei dem einen stärker ausprägen als bei dem anderen. Was ist uns genetisch mitgegeben und was wird durch unsere Erziehung, durch unsere Sozialisierung und Lebenserfahrung geformt? Und können wir selbst etwas tun, um uns charakterlich zu verändern?

Die Antwort der Hirnforscher hierzu ist ernüchternd. Inzwischen geht man davon aus, dass Kindern etwa die Hälfte aller Persönlichkeitsmerkmale von ihren Eltern vererbt wird. Und zwar offenbar vor allem über Gene, die für die Aktivität bestimmter Botenstoffe zuständig sind, die auf unser Verhalten wirken – insbesondere Dopamin, Cortisol und Oxytocin. Für Hirnforscher ist klar: Unsere Charaktereigenschaften und Verhaltensweisen resultieren daraus, wie bestimmte biochemische Botenstoffe in uns wirken.

Beispiel Serotonin. Man weiß inzwischen, dass ein bestimmtes Gen dafür verantwortlich ist, wie schnell dieser Botenstoff im Körper nach seiner Freisetzung wieder abgebaut wird. Wenn beide Elternteile dieses Gen an ihr Kind vererben, so kann dies zu besonderer Ängstlichkeit neigen. Jedenfalls kann diese Veranlagung bis zu 50 Prozent zur Charakterausprägung beitragen. Es kommt dann entscheidend darauf an, in was für einer Umgebung dieses Kind aufwächst – in einer, die es selbstbewusster, oder in einer, die es ängstlicher macht. Je nachdem kann die Veranlagung verstärkt oder abgeschwächt werden.

Oder Cortisol, das manche von uns in Stresssituationen

stärker ausschütten als andere. Auch das ist Veranlagung. Es kommt dann darauf an, welche anderen Einflüsse auf uns gewirkt haben, die uns entweder stressanfälliger oder stressresistenter gemacht haben. Nun – wenn gilt, dass knapp 50 Prozent unseres Charakters von unseren Genen beeinflusst sind, heißt das im Umkehrschluss, dass mehr als 50 Prozent unabhängig von unserer Vererbung geformt wurden und werden. Wie diese Formung vonstattengehen kann, zeigt unter anderem eine Studie, die 2012 an der Universität Zürich durchgeführt wurde. 180 Teilnehmerinnen und Teilnehmer trainierten zehn Wochen lang bestimmte positive Charaktereigenschaften, um herauszufinden, ob und wie sich ihr Wohlbefinden dadurch verändert. Bei den Probanden handelte es sich um Personen, die – wie ich – grundsätzlich zufrieden waren mit ihrem Leben, aber herausfinden wollten, wie sie es noch besser machen konnten. Die Männer und Frauen wurden für das Experiment in mehrere zufällige Gruppen unterteilt, die dann jeweils in mehreren Sitzungen verschiedene Charakterstärken »trainierten«.

In einer dieser Sitzung ging es zum Beispiel um das Thema Dankbarkeit. Die Teilnehmer tauschten sich zunächst dazu aus, wie sie einmal Dankbarkeit erlebt haben, und als Hausaufgabe mussten sie einen Dankesbrief an jemanden schreiben und diesem dann vorlesen und dessen Reaktion beobachten.

Eine andere Sitzung behandelte das Thema Neugier. Da ging es zum Beispiel darum, sich mit der Küche eines anderen Landes auseinanderzusetzen und selbst einmal ein »fremdes« Gericht zu kochen.

Auf diese oder ähnliche Weise beschäftigten sich die Teilnehmer ebenfalls mit den Themen Optimismus, Humor, Enthusiasmus, Kreativität, Sinn fürs Schöne, Liebe zum Lernen, Weitsicht und Freundlichkeit. Nach zehn Wochen wurde die Zufriedenheit der Teilnehmer mit derjenigen vor Beginn des »Stärketrainings« verglichen, und es stellte sich heraus, dass sie durchweg heiterer, glücklicher und positiver als vorher waren. Ein Indiz also dafür, dass wir Empfindungen, die wir als glücklich machend wahrnehmen, trainieren und so verstärken können.

Es ist noch nicht lange her, da ging die Wissenschaft davon aus, dass das Gehirn eines Erwachsenen mehr oder weniger unveränderlich ist, von den üblichen Verfallserscheinungen im Alter mal abgesehen. Inzwischen weiß man es besser, denn das Gehirn »wächst« gewissermaßen noch bis ins hohe Alter. Und dass wir lebenslang lernen können, ist ohnehin unbestritten. Wenn wir lernen, werden die sogenannten Synapsen in unserem Gehirn aktiv, die Schaltstellen, an denen elektrische Signale von einer Nervenzelle zur anderen übertragen werden. Diese Schaltstellen funktionieren offenbar, je nachdem wie sie gefordert werden, mal mehr oder weniger gut – was bewirkt, dass die Übertragung von Signalen und Informationen mal verstärkt oder mal abgeschwächt wird. Dieses Phänomen wird synaptische Plastizität genannt. Und damit nicht genug: Synapsen können sogar komplett neu entstehen – und auch vollständig verschwinden. Und all dies (ob Synapsen auf- oder abgebaut werden, ob sie entstehen und wie gut sie funktionieren) wird in unserem Gehirn offenbar fortlaufend angepasst, je nachdem wie sehr die jeweilige Fähigkeit gefordert wird.

Das heißt also: Wenn wir jeden Tag viel mit dem Auto unterwegs sind, speichern wir fortlaufend Informationen über Wege und Straßen in der Stadt, und zwar immer mehr und immer besser. So haben Forscher entdeckt, dass bestimmte Gehirnregionen von Londoner Taxifahrern, die für das Ortsgedächtnis wichtig sind, im Laufe der Zeit immer größer werden.

Die Frage ist also: Können wir womöglich auf ähnliche Weise andere Eigenschaften wie Optimismus oder Neugier gezielt stärken, um glücklicher zu werden?

Was macht mich glücklich?

Wenn es bei mir schon beim Klavier geklappt hatte, sollte es dann nicht auch mit anderen Tätigkeiten funktionieren? Verändert sich etwas in mir, wenn ich bestimmte Empfindungen stärke? Bin ich dann noch zufriedener und resilienter? Zumindest erscheint mir der Gedanke nach meinem ersten, ganz unbeabsichtigten Selbstversuch plausibel.

Und so komme ich im August 2022 auf die Idee, weitere Versuche dieser Art zu unternehmen. In den folgenden vier Monaten probiere ich aus, wie ich mich fühle, wenn ich versuche, Glück und Zufriedenheit gezielt zu trainieren. Was klappt und was nicht? Und kann ich auch herausfinden, warum?

So setze ich mich eines schönen Abends im August 2022 zu Hause an den Küchentisch, zücke Stift und Zettel und überlege: Was macht mich glücklich und zufrieden? Ich will eine Liste machen mit Glücksorten, Glücksmomenten, Glücksmenschen. Ich lasse meine Gedanken schweifen. Wann bin ich glücklich? Einige Dinge fallen mir sehr spontan ein:

Natur, vor allem das Meer. Musik ist eh klar, da bin ich

ja sozusagen schon voll im Glückstraining. Andere Menschen können mich glücklich machen: Geselligkeit ist etwas Schönes, Zeit verbringen mit Familie und Freunden. Auch Reisen fällt mir gleich ein. Unterwegs zu sein, Neues zu entdecken und damit aus dem Alltag auszubrechen. Auch gutes Essen macht mich glücklich …

Wenn ich so auf diese erste Liste blicke, fällt mir auf: Das sind alles recht einfache Dinge, nichts Außergewöhnliches oder besonders Anspruchsvolles. Geld steht nicht darauf, wobei natürlich klar ist: Für Reisen, gutes Essen oder auch um sich ein Klavier zu kaufen, braucht man Geld.

Was mir außerdem auffällt: Reisen und Neues zu erleben nimmt einen besonderen Stellenwert auf der Liste ein. Gewiss eine Prägung aus meiner Kindheit, denn meine Eltern und ich waren immer viel auf Reisen. Schon als Kleinkind nahmen mich meine Eltern mit, wenn mein Vater beruflich in anderen Ländern unterwegs war. Später lebte ich lange Zeit im Ausland, in Dubai, im Libanon, in Ägypten und auch Vietnam. Etwas, das mich sehr glücklich gemacht hat.

Auf meiner Liste stehen zunächst einmal Momente, Impulse, Situationen, die bei mir Glücksgefühle auslösen. Aber es gibt auch eine Werteebene, die mir so wichtig ist, dass sie mich glücklich machen kann, wenn ich das Gefühl habe, dass sie existiert. Dass wir als Gesellschaft gerecht miteinander umgehen. Dass wir höflich zueinander sind. Dass ich in einer Gemeinschaft von Mitmenschen lebe. Und – angesichts der Verbitterung bei vielen Debatten – dass es so etwas wie eine Versöhnung gibt. Das macht mich oder würde mich glücklich machen.

Wieder greife ich zum Stift und mache eine zweite Liste,

auf der ich genau das Gegenteil sammle: Was macht mich unglücklich? Ich schreibe auf, was mir einfällt, das mich ärgert, stresst, unglücklich macht.

Und auch da ist vieles sofort klar: Da sind zuerst die sogenannten sozialen Medien. Ich schaue fast gar nicht mehr hin, was bei Twitter oder auf Facebook passiert, wer was postet und wer wie kommentiert. Ich will es gar nicht wissen, was völlig unbekannte Leute, oft genug unter Pseudonym, aber auch teilweise Kolleginnen oder Kollegen dort von sich geben. Gleich danach schreibe ich auf: zu viel Zeit online verbringen. Denn im Internet wird man ständig konfrontiert mit den gerade aktuellen Horrormeldungen, ohne dass man etwas ändern könnte. Also: lieber hinaus ins echte Leben, etwas tun, konstruktiv sein und einfach mal den Rechner ausgeschaltet lassen.

Dann ist da Unfreundlichkeit. Ich habe den Eindruck, dass der Ton im täglichen Umgang noch einmal rauer geworden ist in Deutschland. Mir fällt das besonders auf, wenn ich in einem anderen Land bin, in Spanien oder im Nahen Osten, wo Menschen sich – so empfinde ich es – freundlicher begegnen.

Als Stress empfinde ich auch die beschriebene Politisierung des Lebens. Dass inzwischen nahezu alles – ob Sport, Kultur oder Unterhaltung – geprägt wird von den politischen oder ideologischen Debatten, die wir führen. Man hat keine Pause mehr davon.

Zwei Listen, die vor mir liegen. Ich lege den Stift beiseite und gehe die Zettel noch einmal durch. Ein erstes Ergebnis lautet: Ich kann nur jedem empfehlen, eine solche Liste anzufertigen. Wann setzt man sich schon einmal hin und durchforstet seine Gedanken danach, wie man es mit dem Glück hält? Ich habe das bisher noch nie getan. Und es hat dazu geführt, dass ich mich mit positiven Gedanken und Erinnerungen auseinandersetze. Viele Erinnerungen sind einfach schön, wie die an gemeinsame Reisen mit der Familie – etwa 1996 nach Hongkong. Manche Erlebnisse erfüllen mich mit Dankbarkeit. Manche stimmen mich optimistisch, vermitteln mir das Gefühl, dass man freundlich und offen miteinander im Alltag umgehen kann, auch mit völlig fremden Menschen. Ich erinnere mich an eine Begegnung in einem Supermarkt in Köln, als ich an der Kasse mit einer älteren Dame einfach so ins Gespräch kam und ich anschließend dachte: Wie nett! Ich weiß noch, dass das damals für mich der Höhepunkt des Tages war.

Allein diese Liste zusammenzustellen hat mich glücklich gemacht, und als ich den Stift beiseitelege, vom Küchentisch aufstehe und ins Bett gehe, schlafe ich eindeutig mit einem guten Gefühl ein.

Meine Glücksliste ist natürlich eine Sammlung ganz persönlicher Glücksvorstellungen und positiver Empfindungen. Die Frage, die sich mir stellt, ist: Gibt es Empfindungen, die für uns alle zum Glücklichsein dazugehören?

Ich recherchiere weiter und stoße auf Theorien von Psychologen und Experten, die sich damit beschäftigen, aus welchen Einzelkomponenten »Glück« sozusagen besteht. Vor allem Vertreter der sogenannten Positiven Psychologie haben sich mit dieser Frage beschäftigt.

Positive Psychologie sieht sich als eine Art Gegenentwurf zur klassischen Psychologie. Letztere betrachtet kranke Menschen vor allem unter dem Aspekt der Störung oder des Defizits, das bei ihnen diagnostiziert wurde und das beseitigt werden soll. Die Positive Psychologie dagegen nimmt die positiven Aspekte des Menschen in den Fokus. Sie will den Menschen helfen, sich selbst zu helfen, das eigene Potenzial zu nutzen und sich weiterzuentwickeln. Unter anderem geht sie der Frage nach, wie sich positive Gefühle auf Geist und Körper auswirken. Also das, womit ich mich hier gerade auseinandersetze.

Eine besondere Rolle kommt dabei den sogenannten Charakterstärken zu, also den positiven Eigenschaften, die uns ausmachen. Die Psychologin Barbara Fredrickson formulierte in ihrer »Broaden-and-build-Theorie« zehn positive Charakterstärken. Dabei ging sie davon aus, dass positive Gefühle wie Liebe, Neugier oder Zufriedenheit auf Menschen »erweiternd und aufbauend« wirken, wohingegen negative Gefühle »einschränkend« wirken. Wenn positive Gefühle aktiviert werden, dann kann daraus eine Art Aufwärtsspirale entstehen, so Fredrickson, durch die wir unsere Ressourcen besser nutzen können. Die zehn Charakterstärken, die sie nennt, sind:

- Freude

- Heiterkeit

- Neugier

- Dankbarkeit

- Hoffnung

- Stolz

- Inspiration

- Vergnügen

- Ehrfurcht

- Liebe

Ein anderes Modell, das Modell »Values in action« (auf Deutsch etwa: »angewandte Tugenden«), geht auf die beiden US-Psychologen Martin Seligman und Christopher Peterson zurück, die der Positiven Psychologie in den neunziger Jahren zum Durchbruch verholfen haben. Gemeinsam mit fünfundfünfzig Sozialwissenschaftlern aus aller Welt betrachteten sie das weite Feld der Philosophiegeschichte, der Weltreligionen sowie der Psychologie, um herauszufinden, was zu unterschiedlichen Zeiten als »Stärke« oder »Wert« beim Menschen erachtet wurde und wird. Herausgekommen sind vierundzwanzig positive Charakterstärken, die die Autoren sechs Tugenden zuordnen:

- **Weisheit und Wissen**
  Kreativität – Neugier – Urteilsvermögen und kritisches Denken – Liebe zum Lernen – Weitsicht

- **Mut**
  Tapferkeit – Ausdauer – Authentizität – Enthusiasmus

- **Menschlichkeit**
  Liebe – Freundlichkeit – Empathie

- **Gerechtigkeit**
  Teamwork – Führungsvermögen – Fairness

75

- Mäßigung
  Vergebungsbereitschaft – Bescheidenheit – Umsicht – Selbstbeherrschung

- Spiritualität
  Sinn fürs Schöne (Ehrfurcht, Bewunderung) – Dankbarkeit – Hoffnung, Optimismus – Humor – Spiritualität, Glaube

Ein ganzes Bündel an Eigenschaften, von denen Experten inzwischen glauben, dass sie eng mit unserer jeweiligen Lebenszufriedenheit zusammenhängen. Und offensichtlich ist es so, dass es uns glücklich machen kann, wenn wir einzelne dieser Charaktereigenschaften gezielt »trainieren«. Die Betonung liegt dabei auf *kann*. Darauf weist Glücksforscher Tobias Esch hin, den ich zu diesem Thema befragt habe. Selbst wer mit großem Ehrgeiz sämtliche Charakterstärken trainiert, hat keine Garantie dafür, dass der gewünschte Effekt auch einsetzt. Andererseits kann es bei anderen Menschen wiederum ungeahnt gute Ergebnisse hervorbringen.

Die Positive Psychologie, die in den fünfziger Jahren von dem US-amerikanischen Psychologen Abraham Maslow konzipiert wurde, ist nicht unumstritten. Nicht zuletzt wird ihr vorgeworfen, aus den Menschen wunschlos glückliche, unkritische Zeitgenossen machen zu wollen. Nun, ich bin kein Psychologe und kann und will mir daher kein generelles Urteil erlauben über psychologische Schulen als solche. Ich bin Journalist. Und was tun Journalisten? Sie gehen für Reportagen stellvertretend für Leser, Zuhörer, Zuschauer an Orte, probieren stellvertretend für sie etwas aus. Auch ohne Psychologiestudium erscheint es mir unmittelbar einleuchtend, dass bestimmte Emotionen uns guttun: Liebe,

Humor, Freundlichkeit. Ich will wissen, was passiert und wie ich mich fühle, wenn ich bestimmten positiven Gedanken nachgehe. Das hier ist also keine Abhandlung zum Thema Positive Psychologie, sondern eine Reportage, aus der jeder für sich etwas mitnehmen kann.

3. Kapitel

GLÜCKS-TRAINING

Neugier, Freude, Ehrfurcht

Ein bisschen irritiert mich, dass der Begriff »Neugier« so weit oben auf der Liste der Charakterstärken steht, sowohl im Broaden-and-build- wie auch im Values-in-action-Modell. Neugier wird ja nicht immer nur positiv verstanden. Wer neugierig ist, steckt auch gern mal seine Nase in Dinge, die ihn nichts angehen. Aber grundsätzlich ist Neugier ein besonders starker Antrieb von uns Menschen zu lernen und damit unser Gehirn zu trainieren und weiterzuentwickeln. Neugier ist in uns angelegt, weil unser Gehirn immer neue Informationen sammeln will, um unser Überleben zu sichern, um uns handlungsfähig zu machen für all die verschiedenen Situationen, in denen wir uns wiederfinden und behaupten müssen. Und auch hier ist wieder der Glücksstoff Dopamin mit im Spiel. Wenn wir uns für etwas interessieren, eine Antwort auf eine Frage bekommen, ein Kreuzworträtsel lösen oder endlich bei der Sehenswürdigkeit sind, die wir schon immer besuchen wollten, dann schüttet unser Gehirn Dopamin aus.

Menschen, die neugierig sind, sind glücklicher und leben länger – zu diesem Ergebnis kam unter anderem eine

Studie der US-Psychologen Todd B. Kashdan und Michael F. Steger, die sie 2017 mit rund hundert Studierenden durchführten. Neugier, so das Ergebnis der Studie, ist ein wichtiges Element für das Empfinden von Lebenssinn und Wohlbefinden.

Jeder Mensch ist neugierig, aber jeder auf etwas anderes. Der eine ist neugierig, wie die neue TV-Serie weitergeht. Der andere liest gerne Krimis oder will verstehen, wie man es schafft, dass die Hortensie im Garten noch besser wächst. Interesse an fremden Kulturen ist letztlich Neugier, die uns dazu bringt, dass wir Reisen rund um den Globus unternehmen, uns Tempel, Paläste und Museen anschauen, über Märkte schlendern und fremdes Essen ausprobieren. Ich bin ein sehr neugieriger Mensch. Was mir während der Corona-Pandemie besonders gefehlt hat, war die Möglichkeit zu reisen. Da merkte ich erst, wie sehr ich es vermisst habe, unterwegs zu sein, neue Menschen zu treffen, etwas Fremdes kennenzulernen, neue Eindrücke zu bekommen.

Und so beschließe ich kurzerhand, eine Reise zu unternehmen, wenn ich doch herausfinden will, was mich glücklich macht und warum. Reisen spricht neben Neugier noch andere Emotionen an: Freude natürlich und Inspiration, weil wir Neues sehen und erleben.

Wohin es gehen soll, weiß ich sofort: nach Ägypten, ein Land, das mich seit vielen Jahren fasziniert. Ich gehe meinen Dienstplan durch und schaffe es, zwei Wochen im Dezember, bis kurz vor Weihnachten, freizunehmen. Ich suche einen Flug raus, habe noch keine Übernachtung. Aber als ich auf der Internetseite der Fluggesellschaft auf »Buchen« klicke, kann ich ganz klar sagen: Ich bin glücklich! Glücklich, dass ich das jetzt einfach mal gemacht habe. Nach der langen Corona-Zeit.

Die Anreise verläuft unkompliziert. Nur wenige Tage später sitze ich im Flieger nach Frankfurt, von wo aus es nach kurzem Aufenthalt weitergeht nach Kairo. Am Abend stehe ich in der Tür eines Schlafwagenzuges der Ägyptischen Staatsbahn. Es ist erst halb sieben, aber Anfang Dezember ist es um diese Uhrzeit auch in Ägypten schon stockdunkel. Mister Hamdy, ein Producer, mit dem ich zusammen Anfang der zweitausender Jahre regelmäßig eine arabischsprachige Sendung für einen Kairoer Sender produziert habe, hat mich vom Flughafen abgeholt und zum Bahnhof in Gizeh begleitet. Er drückt mir schnell meinen Koffer in die Hand, während Menschen unterschiedlichster Herkunft um mich herumwuseln, um an Bord des Zuges zu kommen. Ägypter, japanische und britische Touristen, sudanesische Arbeiter auf dem Weg in den Süden. Ein paar westliche Frauen in Shorts kann ich ausmachen, aber genauso voll verschleierte Frauen und Männer im Ganzkörpergewand. Da ertönt das Hupen des Zuges, und schon schließen sich die Türen. Die Passagiere sortieren sich im Zug, ich suche mein Schlafwagenabteil. Das Licht in dem kleinen Abteil flackert. Offenbar ein Wackelkontakt. Draußen sehe ich die Vororte von Kairo im Dunkeln vorbeiziehen. Hell erleuchtete Cafés, in denen Menschengruppen sitzen. Straßen, auf denen sich der Verkehr staut. Und je weiter wir aus der Stadt herausfahren, immer häufiger Felder, Palmen, aber auch Müllberge. Der Zug ruckelt, bremst, fährt wieder an. Irgendwann schlafe ich ein.

Der nächste Morgen. Die ersten Sonnenstrahlen wecken

mich, und ich blicke hinaus aus dem Fenster. Der Zug hat Luxor bereits hinter sich gelassen und befindet sich jetzt auf der letzten Strecke seiner Fahrt nach Oberägypten. Noch gut zwei Stunden bis nach Assuan. Wir fahren den Nil entlang, vorbei an Palmen, Feldern, Baumwollplantagen. Ein paradiesischer Anblick. Alles andere als paradiesisch: die Städte, durch die der Zug hin und wieder fährt – arm, vermüllt, elend. Was für ein Gegensatz. Die letzten zwei, drei Kilometer fährt der Zug im Schneckentempo in den Bahnhof ein, auch weil es überall ungesicherte Bahnübergänge gibt und Menschen noch schnell vor dem Zug die Gleise überqueren. Was in Deutschland nur selten vorkommt: Nach zwölfeinhalb Stunden Fahrt und einer Strecke von tausend Kilometern komme ich auf die Minute pünktlich in Assuan an.

Assuan war in der Antike der südliche Zollposten des Pharaonenreichs. Hier, am ersten Katarakt, auf der Insel Elephantine befanden sich drei der bedeutendsten Nilometer, Wasserstandsmesser, die seit der Antike den Beginn der Nilschwemme feststellten. Die Dünen der Sahara reichen in Assuan bis unmittelbar an den Nil, was hier auf der Westseite zum Teil nur ein paar wenige Meter grüner Bepflanzung erlaubt. Ich bleibe nur eine Nacht in dieser besonderen Stadt, eine der trockensten der Welt, in der es manchmal jahrzehntelang kein einziges Mal regnet. Am rechten Nilufer, unterhalb der *Corniche*, der Uferpromenade, ankern zahllose Feluken, kleine Segelboote, mit denen man auf die andere Seite, die sogenannte *Westbank*, übersetzen kann, denn bis heute gibt es in der Stadt keine feste Brücke, die beide Nilufer miteinander verbindet. Vor der Überfahrt heißt es: handeln. Und das will gelernt sein. Es ist wie ein Spiel, denn im Grunde wissen beide Seiten schon vorher, wo man sich am Ende ungefähr treffen wird. Vorausgesetzt natürlich, der westliche Ausländer weiß Bescheid und kennt die üblichen Preise, ansonsten wird er gnadenlos übers Ohr gehauen.

»Sechzig Pfund!«

»Viel zu viel, höchstens zwanzig!«

»Fünfzig!«

»Dafür kann ich ein Boot den ganzen Tag mieten. Dreißig!«

»Vierzig!«

»Okay.«

An diesem Spätnachmittag ist es windstill auf dem Nil, weswegen statt des Segels ein Ruder zum Einsatz kommt, um die Strecke ans Westufer zurückzulegen. Ahmed, dem die Feluke gehört, lässt mich am Fuß der großen Düne direkt gegenüber der *Corniche* von Assuan an Land gehen. Mein Ziel: das Mausoleum des muslimischen Scheichs Sidi Ali Ben al-Hawa, das hoch oben auf einem weithin sichtbaren Hügel thront. Von dort, so heißt es, hat man den besten Blick über Wüste, Fluss und Stadt. Schon seit langer Zeit wollte ich diesen besonderen Aussichtspunkt einmal aufsuchen. Auf der Ebene neben der Bootsanlegestelle warten Reitführer mit ihren Kamelen auf Touristen, mit denen sie kleinere und größere Wüstentouren unternehmen. Zum Gipfel des Hügels kommt man allerdings nur zu Fuß. Ich sehe, dass sich die Sonne bereits dem Horizont nähert. Also schnell, sonst ist es stockdunkel, wenn ich oben ankomme.

Fix stapfe ich durch den Sand, springe weiter oben von

einem Felsen zum nächsthöheren und komme gerade oben an, als die Sonne den Horizont berührt. Atemberaubend! Direkt unter mir das tiefe Blau des Nils, an dessen Ufern ein grünes Band die wuchtigen Sanddünen auf Distanz hält. Die Stadt mit ihren Minaretten und Kirchtürmen und die zahlreichen Boote, die davor im Wasser treiben. Und dieser Himmel! Einen solchen Himmel habe ich so nur in Afrika gesehen. Nein, ein blauer Himmel sieht nicht überall auf der Welt gleich aus. Hier, inmitten der Sahara, hat er eine gewaltige Tiefe. Man spürt wirklich die Unendlichkeit des Alls.

Neugier, Freude, Inspiration – und Ehrfurcht.

Ehrfürchtig werden wir in der Gegenwart von etwas Großem, das über uns selbst hinausweist. Etwas, das wir nicht kontrollieren oder vollständig verstehen können. Ehrfurcht verändert unsere Selbstwahrnehmung. Wir fühlen uns selbst klein und unwichtig – aber nicht in einem negativen Sinn, sondern auf eine Weise, die uns beruhigt oder zufrieden macht. Viele empfinden in der Natur oder bei Naturereignissen Ehrfurcht. Blitz und Donner, die Weite des Meeres, mächtige Berge. Auch Kunst kann uns ehrfürchtig dafür machen, was Menschen zu leisten imstande sind. Ich verspürte Ehrfurcht, als ich vor Rembrandts *Nachtwache* im Rijksmuseum in Amsterdam stand oder beim Klang von Smetanas »Moldau«. Und ich verspüre sie jetzt, auf dieser Anhöhe oberhalb des Nils, inmitten der Weite der Wüste. Hier zu sein, das ist Glück!

Vertrauen
und Freundlichkeit

Freundlichkeit ist in allen Ländern und Kulturen eine Tugend mit einer langen Tradition. Sie kann sich auf vielfältige Weise manifestieren: durch das, was manche Manieren nennen, also ein zuvorkommendes, rücksichtsvolles Verhalten etwa. Eine Form von Freundlichkeit ist, wenn wir jemandem helfen. Helfen ist ein grundlegendes menschliches Verhalten, schon bei kleinen Kindern. Wenn sie jemanden sehen, der weint, wollen sie den- oder diejenige trösten. Unzählige Menschen engagieren sich in Organisationen und Initiativen, die anderen Menschen helfen, Menschen, die Hunger leiden, die auf der Flucht sind oder die im eigenen Land keine Bleibe haben und auf der Straße leben müssen.

Warum tun wir das? Natürlich, weil unser Verstand uns sagt, dass das wichtig und richtig ist, um unser Gemeinwesen zusammenzuhalten und den Schwachen zu helfen. Aber es macht noch etwas anderes mit uns: Es macht uns glücklich. Denn die Freundlichkeit geht nicht nur in eine Richtung, sondern wird zurückgegeben in Form von Dankbarkeit. Das Wunderbare daran: Es scheint so zu sein, dass Freundlichkeit und Dankbarkeit sich gegenseitig verstärken.

Wer freundlich ist und dafür Dankbarkeit erntet, schöpft daraus neue Kraft für neue Freundlichkeit.

Nun könnte man einwenden: Dann ist Freundlichkeit ja egoistisch. Dann helfe ich womöglich nur, damit ich dafür Dankbarkeit bekomme und das gute Gefühl, gebraucht zu werden. Ich nehme mir praktisch vor, positive Emotionen einzuheimsen.

Das ist in der Tat der Haken an der Sache. Wissenschaftler haben festgestellt, dass eine Hilfeleistung nur dann ihre positive Wirkung entfaltet, wenn sie aufrichtig und selbstlos erfolgt und nicht aus Eigennutz heraus. Das macht es natürlich schwierig, diese Emotion gezielt zu üben. Zumindest funktioniert es nicht mit der Herangehensweise: Ich helfe dir nur über die Straße, wenn du anschließend auch dankbar bist.

Dankbarkeit ist nur ein Aspekt des Helfens, der dazu führt, dass wir uns hinterher besser fühlen. Ein anderer ist, dass wir in nähere Beziehung zu einem Menschen treten. »Safe and connect« nennen das Psychologen. Zwei Grundpfeiler zwischenmenschlicher Beziehungen: sich jemandem verbunden fühlen, schafft ein Gefühl von Sicherheit und Nähe. Hinzu kommt, dass derjenige, der hilft, ein Erfolgserlebnis hat. Er spürt, dass er etwas bewirken, etwas zum Guten verändern kann. Wenn wir helfen, spielt sich in unserem Gehirn all das ab, was glücklich macht: Dopamin, Serotonin und Oxytocin werden ausgeschüttet und Stresshormone abgebaut. Eine kleine Geste der Freundlichkeit und Selbstlosigkeit kann damit eine ganze Menge positive Emotionen freisetzen.

Helfen kann man natürlich auf ganz verschiedene Weise.

Ich kann jemandem die Tür aufhalten, oder ich kann mit einem Schiff übers Mittelmeer fahren, um Menschen vor dem Ertrinken zu retten. Ist Hilfe gleich Hilfe?

Grundsätzlich ja, sagt die Wissenschaft. Schon sogenannte »Random acts of kindness« im Alltag, also »zufällige Taten von Freundlichkeit«, können uns positive Gefühle verschaffen. Und interessanterweise umso mehr, wenn wir uns an einem bestimmten Tag in der Woche oder im Monat vornehmen, Gutes zu tun. Studien haben gezeigt, dass ein »Freundlichkeitstag« mehr bringt, als jeden Tag ein bisschen zu helfen. Als ich davon las, war ich fasziniert und beschloss sofort, einen Selbstversuch zu unternehmen – der allerdings anders lief als geplant und ein rasches Ende nahm.

Ich wollte es im Herbst 2022 mit einem »Freundlichkeitstag« versuchen. Es schien ein perfekter Tag dafür: Es war zwar frisch, aber die Sonne lachte. Ich hatte ohnehin gute Laune und wollte ein paar Erledigungen in der Stadt machen. Also suchte ich mir einen E-Roller, um zur nächsten S-Bahn-Station zu fahren. Der Weg dorthin voller Baustellen. Ein Fahrradweg? Nicht vorhanden. Also fahre ich mit der E-Roller-Höchstgeschwindigkeit von 20 km/h auf der schmalen Straße. Ein paar Autos quetschen sich daraufhin so nah an mir vorbei, dass der Seitenspiegel mich fast touchiert. Hinter mir wird gehupt. Dann überholt ein Wagen, fährt direkt vor mich und bremst scharf – ganz offensichtlich, um mich zu ärgern. Tja, wie soll man da reagieren im Sinne der »Random acts of kindness«? Ich kann ja nicht einmal mit dem Fahrer interagieren. Lächeln? Danke sagen? Eine Situation, in der das irgendwie nicht funktioniert. Na gut, ich stelle den Roller ab, gehe zur nächsten S-Bahn-Station. Im öffentlichen Nahverkehr gilt zu diesem Zeitpunkt noch Maskenpflicht. An meiner Haltestelle bekomme ich noch einen Sitzplatz, dann aber steigen jede Menge Leute ein. Die Gelegenheit ist günstig. Ich stehe auf und will einer älteren Dame, die stehen muss, meinen Platz anbieten. Die Dame spricht ganz offensichtlich kein Deutsch. Sie versteht nicht, was ich will, zumal sie mein Lächeln ja nicht sehen kann, und inzwischen hat sich auch schon ein junger Typ auf den Platz gesetzt. Sie schreckt etwas zurück. Ich sage freundlich zu dem jungen Mann neben ihr: »Ich wollte eigentlich der Dame hier meinen Platz anbieten«, woraufhin er mir ein »Verpiss dich« entgegenschleudert. Ich bin platt. Wie soll man da freundlich reagieren? Ich steige aus und muss erst mal meine Gedanken sortieren. Meine gute Laune ist längst verflogen, weil der Wille, freundlich zu sein, sich nicht so einfach realisieren lässt. Ich vertage kurz entschlossen das Projekt. »Random acts of kindness« funktionieren ganz offensichtlich nicht unter beliebigen Rahmenbedingungen.

Ich wollte den »Wie kann ich helfen«-Versuch allerdings nicht so einfach aufgeben und überlegte: Was könnte ich Gutes tun? Ehrenamtlich engagiert habe ich mich bislang nie, abgesehen von ein paar Einsätzen als Wahlhelfer. Dann fiel mir etwas ein. Während der Corona-Pandemie hatte ich nachweislich mehrmals Kontakt zu infizierten Personen – ohne Mundschutz. Eine Bekannte hatte mich zum Beispiel mit einem Wangenkuss begrüßt und meldete am nächsten Tag, dass ein Schnelltest bei ihr positiv ausgefallen sei. In diesem wie in mehreren anderen Fällen entging ich einer Infizierung. Eine Kollegin machte mich darauf aufmerksam, dass Menschen mit Blutgruppe o sich offenbar seltener infizieren. Da ich meine Blutgruppe gar nicht kannte, wollte ich sie bestimmen lassen. Und in der Tat: Meine Blutgruppe ist o Rhesus negativ. Die Ärztin, bei der ich mir das Blut habe abzapfen lassen, rief mich an und fragte, ob ich nicht Blut spenden wolle, da ich mit o Rhesus negativ der relativ kleinen Gruppe der »Universalspender« angehörte, das heißt, bei Bluttransfusionen ist mein Blut für jeden Patienten passend, welche Blutgruppe er oder sie auch immer hat.

Ich überlegte. Mit so einer Spende konnte ich eindeutig etwas Gutes tun – und ich konnte es gleichzeitig zu einer Art Selbsttest nutzen: Wie würde ich mich mit meiner »guten Tat« fühlen?

Also fand ich mich im September 2022 in einem Hamburger Blutspendezentrum ein. Meine Eisenwerte wurden bestimmt, mein Blutdruck gemessen, und eine Ärztin führte ein kurzes Aufklärungsgespräch mit mir. »Es kann anschließend zu Kreislaufproblemen kommen«, sagte sie.

»Wie häufig kommt so etwas vor?«, fragte ich zurück.

»Eher selten«, lautete die Antwort.

In diesem Moment erhob sich eine Frau von einer Liege. Sie war fertig mit Blutspenden und wollte gehen. Doch kaum stand sie, sackte sie mit einem lauten Seufzer in sich zusammen und blieb regungslos auf dem Boden liegen.

Ich schaute die Ärztin verunsichert an.

»Das ist eine der Ausnahmen«, sagte sie und eilte zu der ohnmächtigen Frau, die aber schon wieder die Augen aufschlug.

Jeder, der schon mal Blut gespendet hat, kennt das. Man liegt zehn bis fünfzehn Minuten auf einer Liege, eine digitale Anzeige neben einem misst, wie viel Milliliter schon durchgelaufen sind – 150, 175, 200 ... Ich fühlte mich eigentlich ganz gut, wurde aber irgendwann etwas schläfrig. Bei 500 Millilitern piepte das Gerät. Eine Krankenschwester kam zu mir und zog die Kanüle aus dem Arm. Als sie mich ansah, beugte sie sich zu mir herunter und rüttelte an meiner Schulter. »Geht es Ihnen gut?«, fragte sie besorgt. Schon hatte ich mehrere Plättchen Traubenzucker im Mund, und die Liege beförderte mich in eine Beine-hoch-Position. Ich selbst hatte es gar nicht bemerkt, aber mein Blutdruck war von 100 auf 50 abgesackt.

Um mir die Traubenzuckerplättchen in den Mund zu stecken, musste die Arzthelferin mir natürlich die Maske vom Gesicht nehmen. »Hey, du bist doch der aus der *Tagesschau*!«, rief ein Mann auf der Liege gegenüber laut durch den Raum. Es gibt Momente, da möchte man lieber nicht erkannt werden.

Nach ein paar Minuten mit hochgelegten Beinen war der Blutdruck dann aber auch schon wieder okay. Ich fühlte mich wirklich gut, wenn auch etwas geschwächt. Es war sicherlich nicht ganz optimal, dass ich unmittelbar danach in der Sendung *Quizduell-Olymp* als Kandidat auftreten und mehrere Stunden sozusagen blutleer in einem Studio stehen musste, um Quizfragen zu beantworten. Wenigstens konnte ich den Umstand, dass das »Team Tagesschau« – Jens Riewa und ich – in der Sendung knapp verlor, auf meine vorherige Blutentnahme schieben.

Aber abends zu Hause war ich irgendwie froh und auch

ein bisschen stolz, dass ich zu der Blutspendenaktion gegangen war. Als ich am nächsten Tag Freunden und Kollegen davon erzählte, war die Reaktion einhellig positiv. Viele sagten: »Das wollte ich auch immer schon mal machen.« Auch diese Reaktion fühlte sich gut an.

Sinn fürs Schöne,
Spiritualität und Essen

Manche Menschen sind nur glücklich – oder was sie dafür halten –, wenn sie nörgeln. Dazu muss man nicht viel können und sich auch nicht groß anstrengen. Man muss sich nur gehen lassen und schimpfen.

Wie viel schwieriger und herausfordernder ist es, etwas zu machen, das gut ist oder schön oder beides. Man denke an die bildende Kunst, an ein Bild etwa wie *New York City 1* von Piet Mondrian (von dem sich jetzt herausgestellt hat, dass es wohl seit Jahrzehnten verkehrt herum hing!). Auf den ersten Blick kommt es einem vielleicht simpel vor – ein lockeres Gitter aus roten, gelben und blauen Klebestreifen. Aber dahinter steckt so viel Planung, so viel Wissen um die Kunstgeschichte, in die sich das Bild sehr bewusst einreiht, und natürlich stand am Anfang eine Inspiration, die dem Künstler eingab, dieses Bild so und nicht anders zu gestalten.

Wie schwierig ist es, etwas zu erschaffen, das andere Menschen schön finden, das sie zum Nachdenken anregt, aus dem sie Inspiration ziehen!

Natürlich suchen und finden wir Schönes nicht nur in der Kunst. Auf meiner persönlichen Liste findet sich weit oben das Stichwort »Natur«. Die Natur regt gleich mehrere Empfindungen in uns an: Sinn fürs Schöne, Neugier, Euphorie. Ob der Herbstspaziergang durch das gelb-braunrote Blättermeer, die Wanderung in den Alpen, der Anblick eines Sees oder die sengende Hitze eines Sommertages am Meer, wenn die Wellenkämme glitzern und funkeln im klaren Licht der Sonne. Natur tut uns gut. Das spüren wir unmittelbar. So reichen offenbar schon zwei Stunden pro Woche in der Natur aus, damit wir glücklicher sind und uns besser fühlen, so eine Studie britischer Forscher im Rahmen einer Regierungsumfrage mit knapp 20 000 Teilnehmern, die 2019 im Fachmagazin *Scientific Reports* veröffentlicht wurde. 200 bis 300 Gesamtminuten pro Woche erzielten demnach die besten Effekte, nämlich eine deutliche Minderung von Depressionen und Angstzuständen bei gleichzeitiger Steigerung von Wohlbefinden und Kreativität. Der Blutdruck sank, und die Stimmung stieg.

Wohl jeder von uns ist gern draußen und spürt die Natur. Und jeder und jede hat da seine Vorlieben. Auch hier werden wir in unserer Kindheit geprägt, je nachdem wo und wie wir aufwachsen. Ich bin aufgewachsen in Cuxhaven und Wilhelmshaven. In Cuxhaven war das Meer keine fünf Minuten von unserem Haus entfernt. Man musste nur die Straße zum Deich hinuntergehen, um zu dem Küstenabschnitt zu gelangen, wo die Elbe in die Nordsee mündet und die mächtigen Containerschiffe aus aller Welt in Richtung Hamburg fahren – oder von dort kommen, um wieder aufzubrechen in alle Weltenteile. Ich verbinde ein Stück Heimat damit. Die Nordsee ist mir vertraut. Die raue Seeluft, die so besonders salzig riecht, der Geruch nach Diesel der Schiffe und Tanker. Die Nordsee ist faszinierend schön in ihrer Wildheit und Weite – wenn die Ebbe das Watt freilegt und man das Gefühl hat, man könnte auf einer fast ebenen dunklen Fläche bis zum Horizont laufen. Bevor dann das Meer zurückkommt. Nicht mit großen Wellen, sondern das Watt läuft ganz einfach und leise wieder voll, als hätte irgendwo jemand den Wasserhahn aufgedreht und eine riesige Badewanne würde sich füllen, langsam und allmählich.

Wasser war schon immer mein Element. Als kleiner Junge konnte ich mich stundenlang im Wasser aufhalten, im Freibad, im See oder im Meer herumtoben und schwimmen. Das Meer, so wie ich es aus meiner Kindheit in Erinnerung habe, war übrigens nicht blau, sondern braun. Denn die schlickige, nährstoffreiche Nordsee ist voller kleiner Sandpartikel, die durch die Gezeiten aufgewühlt werden und dieses Nebenmeer des Atlantiks immer schmutzig aussehen lassen. Wie staunte ich, wenn wir im Urlaub in fernen Ländern waren und ich ein ganz anderes Meer zu sehen bekam, manchmal tiefblau, manchmal türkis, durch das man bis auf den Grund schauen konnte. Wenn ich in dieses strahlend blaue Meer stieg, war es so, als würde man Teil dieses Strahlens. In dieses Meer habe ich mich sofort verliebt und vermisste es, wenn ich wieder zu Hause war und auf die herbe Nordsee schaute.

Aus einer gewissen Distanz und Perspektive mutet allerdings auch die Nordsee blau an. Aus dem All betrachtet sieht sogar unsere ganze Erde vorwiegend blau aus, was daran liegt, dass die Ozeane das Sonnenlicht besonders stark reflektieren. Wenn man näher an die Erde heranzoomt, lassen sich schier unendlich viele Blautöne ausmachen. Wobei das blaueste Blau in der »Zunge des Meeres« zu finden ist, einem Küstenteil vor den Bahamas in der Karibik.

Wie kommt dieses faszinierende Blau, diese Farbe des Meeres zustande – obwohl Wasser doch objektiv farblos ist? Farbe ist kein Zustand, sondern Licht einer bestimmten Wellenlänge. Okay, und was heißt das? Es ist ein bisschen kompliziert. Denn Farbe entsteht durch das, was wir gerade nicht sehen. Eine grüne Wand erscheint grün, weil sie nur das Licht dieser Farbe reflektiert und alle anderen verschluckt. Was wir unter Farbe verstehen, ist nicht einfach gegeben, sondern muss vom Gehirn erst als solche »gedeutet« werden, und das tun unterschiedliche Lebewesen auf sehr unterschiedliche Weise. Bienen etwa können mit ihren Facettenaugen viel mehr Farben wahrnehmen und sehen farbige Muster dort, wo wir nur eine einheitliche Fläche erkennen.

Dass wir Menschen das Meer als blau registrieren, hat natürlich mit dem Sonnenlicht zu tun. Der größere Teil des Lichts – in Mitteleuropa etwa 90 Prozent – durchdringt die Wasseroberfläche und stößt dann unter Wasser auf verschiedenste Kleinkörper: Mikroorganismen, Sand und die eigentlichen Wassermoleküle. Alle haben Einfluss auf die Wellenlängen des Lichts, denn je nachdem, auf was das Licht trifft, werden die Lichtwellen verschluckt oder wieder reflektiert. Die Wassermoleküle schlucken einen Teil des langwelligen Lichts und reflektieren hingegen kurzwelliges Licht – das uns blau erscheint. All das zusammen – je nachdem, wie das Meer, der Meeresgrund, die Küste beschaffen sind – bestimmt, wie wir das Meeresblau wahrnehmen.

Die meisten Menschen fühlen sich am und im Wasser wohl. Selbst wer nicht gern schwimmt, liebt es, sich vom Wasser tragen und von Wellen herumwirbeln zu lassen. Felsbilder aus der Sahara legen die Vermutung nahe, dass Menschen dort bereits vor vielen Tausend Jahren schwimmen lernten – als die Sahara noch keine Wüste, sondern üppiger Lebensraum war. Im alten Ägypten war Schwimmen offenbar in der Oberschicht verbreitet und beliebt. Darauf deuten bildnerische Darstellungen hin, die auch zeigen, dass selbst altägyptische Frauen zum Kraulen ins Wasser stiegen. Bei den Griechen und Römern war Schwimmen natürlich ebenfalls bekannt. Regelrecht gelernt wurde es zwar vor allem beim Militär, aber auch sonst galt es als schicklich, schwimmen zu können, worauf auch ein altes römisches Sprichwort hinweist: »Der kann ja weder lesen noch schwimmen«, wenn jemand besonders ungebildet war. Ganz anders im Mittelalter, als die Menschen das Wasser mieden – aus Angst vor Ungeheuern, die in den Gewässern lauern könnten, und aus Scham, unbekleidet ins Nass zu steigen. Das änderte sich erst später im Zeitalter der Vernunft. Einer der Pioniere in Deutschland war Johann Wolfgang von Goethe, der sich das Schwimmen mit Hilfe eines selbst entworfenen Gürtels aus Kork autodidaktisch beibrachte und zu einem begeisterten Schwimmer wurde. Zu einem Breitensport entwickelte sich das Schwimmen allerdings erst im 19. Jahrhundert in Großbritannien, von wo aus der Trend dann in andere europäische Länder überschwappte.

Dabei sind wir Menschen fürs Wasser ja nun eigentlich nicht gemacht. Mit etwas Übung können wir uns ganz gut über Wasser halten und auch vorwärtsbewegen, aber im Vergleich zu anderen Lebewesen sind wir für die Ozeane zu knochig, und die Arme und Beine sind keine besonders guten Antriebsmittel im Vergleich zu Flossen. Vielleicht fühlen wir uns dem Meer dennoch so verbunden, weil hier, nach allem, was wir wissen, der Ursprung des Lebens liegt. Vor ein paar Milliarden Jahren – ganz genau lässt es sich wohl nicht sagen – spielten sich am Meeresboden, da, wo an tektonischen Plattengrenzen unterseeische Lava-Geysire das Wasser erhitzten, bemerkenswerte chemische Reaktionen ab. Kohlenstoff, Wasserstoff, Schwefel und andere Elemente verbanden sich zu Aminosäuren, Nukleinsäurebasen und Zuckerverbindungen. Die einzelnen Zwischenschritte müssen uns hier nicht interessieren, aber am Ende der Reaktion entstand DNA, und aus Chemie wurde Biologie. Das Leben war geboren.

Dass wir uns zum Wasser und zum Meer hingezogen fühlen, hat womöglich aber auch mit der Frühgeschichte der Menschheit zu tun. So versprach die Nähe von Wasser den Frühmenschen gute Überlebenschancen. Dort fanden sich in der Regel mehr Pflanzen und Tiere, die man sammeln und jagen konnte, um so das Wohlergehen der Horde zu sichern. Ebenso lässt sich mit dem Überlebensinstinkt unsere Liebe für klares Wasser erklären. Denn hier konnten unsere Urahnen besser erkennen, ob sich ihnen unter Wasser ein gefährliches Tier näherte, während sie in brackigem, schlammigem Nass das herannahende Krokodil oder die Piranhas nicht sehen konnten.

Das Meer tut uns gut. Wasser ist zwar – chemisch betrachtet – gleich Wasser. Aber jedes Meer ist anders. Und das liegt nicht nur an den unterschiedlichen Blautönen. Meere sind auch Spiegel der Kulturen und Geschichte der Länder an ihren Küsten. Ich verbinde etwas anderes mit dem Mittelmeer als mit der Karibik. Beim Mittelmeer denke ich an die *Aeneis*, die wir in der Schule durchgenommen haben (wie gesagt: Latein-Leistungskurs). Der römische Dichter Vergil schuf das Epos in den zehn Jahren bis zu seinem Tod im Jahr 19 v. Chr. Beeinflusst von Homers *Ilias* und der *Odyssee* behandelt er darin den Gründungsmythos des Römischen Reiches, nämlich als Nachfolgereich der Trojaner. Es geht um die Flucht des Kriegers Aeneas aus dem brennenden Troja, um seine Fahrten auf dem Mittelmeer, bis er schließlich im heutigen Italien an Land geht. »*Arma virumque cano Troiae qui primus ab oris Italiam fato profugus Laviniaque venit litora, multum ille et terris iactatus et alto vi superum saevae memorem Iunonis ob iram*« – so beginnt die *Aeneis* auf Latein in Hexametern, dem klassischen Versmaß des Epos. Wir mussten die ersten Seiten des Textes auswendig lernen und vortragen können – es hat sich mir bis heute eingeprägt – sowie die Übersetzung: »Von Waffentaten künde ich und von dem Mann, der als Erster von der trojanischen Küste aus an die lavinischen Strände kam, von den Wogen des Meeres umhergeworfen und vom Zorn der grimmigen Juna gejagt.«

Das Meer war in der Antike der wohl wichtigste Transportweg. Die Phönizier bereisten vom äußersten Osten des Mittelmeeres aus den gesamten damals bekannten Ozean und gründeten Kolonien, wie das berühmte, später untergegangene Karthago im heutigen Tunesien. Und selbst wenn ich am Ufer des Mittelmeeres stehe, das ja nicht unbedingt anders aussieht als irgendein anderes Meer, so spüre ich die Präsenz der Geschichte dennoch. Denn allein das Wissen darum prägt meinen Blick und meine Wahrnehmung.

Was mich glücklich macht, ist, dass ich in meinem Leben schon sehr viel reisen durfte. Am Pazifik war ich bisher drei Mal. Das erste Mal während einer Reise nach Kalifornien Mitte der neunziger Jahre, das zweite Mal ein paar Jahre später, als ich mit meinen Eltern auf Bali war, im äußersten Westen des geographisch umschriebenen Pazifiks; schließlich ein drittes Mal, als ich wieder Jahre später Neuseeland bereiste. Bei allen Reisen standen aber die Erlebnisse an Land im Mittelpunkt, deswegen konnte ich den sogenannten Stillen Ozean bislang noch nicht recht würdigen.

Anders als den Indischen Ozean. Den habe ich vor allem während meiner Jahre als Korrespondent in Dubai kennengelernt. Der Persische Golf ist nur ein Nebenmeer des Indik, zählt also noch nicht so richtig. Aber von Dubai aus bereiste ich für meine Berichte und Reportagen alle möglichen Länder der Region, darunter den Oman, Somalia, den Iran und die Komoren im Jahr 2008. Vor allem Letztere haben mich tief beeindruckt, und es ist seither ein Traum von mir, diese faszinierende Inselgruppe erneut zu besuchen. Der Name Komoren stammt aus dem Arabischen: »Juzur al-Qamar« heißt übersetzt »Inseln des Mondes«. Man findet dort eine einzigartige Mischung aus arabischen Einflüssen und afrikanischer Kultur sowie französischen Spuren. Ein paar kleine Inseln aus rotbrauner Erde, bewachsen mit dichtestem Regenwald.

Mein Sehnsuchtsmeer aber ist der Atlantik. Ein tolles Meer, denn es steht für mich für meine Herkunft – Europa – und für einen Aufbruch zu etwas Neuem. Denn über den Atlantik segelten einst Wikinger und die Entdecker des Mittelalters gen Westen. Der Atlantik verbindet West und Ost, Nord und Süd. Der Atlantik ist wild. Ziemlich genau durch die Mitte dieses mächtigen Meeres verläuft der Mittelatlantische Rücken, wo sich zwei Erdplatten treffen und dazwischen gewaltige Vulkane vom tiefen Meeresgrund an die Oberfläche treten. Einer, der Pico del Teide auf Teneriffa, ist der dritthöchste Gipfel unseres Planeten – vom Fuß des Berges unter Wasser gemessen. Ein Koloss, ebenso wie die vielen Vulkane weiter nördlich auf Island oder der beeindruckend schöne Beerenberg auf der kleinen Insel Jan Mayen, noch weiter nördlich am Rande der besiedelten Welt, der sich vom Meeresgrund etwa 5000 Meter hoch erhebt. Wenn auch nur wenige ihn zu sehen bekommen, denn der Beerenberg liegt weit abseits normaler Reiserouten und hüllt sich zudem die meisten Tage im Jahr in dichten Nebel. Ich hatte das große Glück den majestätischen Anblick erleben zu dürfen, als ich auf einem Schiff die Insel passierte. Unerwartet verzog sich der Nebel, und das schneebedeckte Vulkanmassiv erhob sich direkt vor uns aus dem Atlantik. Eine der Emotionen, die uns nach der Broaden-and-build-Theorie glücklich macht, ist Ehrfurcht, und ich verspürte wirklich tiefe Ehrfurcht vor der Schöpfung, als ich diesen Berg im strahlenden Sonnenlicht sah.

Auch die Einsamkeit trug sicherlich zu dem Gesamteindruck bei. Zu der Insel gelangt man ausschließlich mit Expeditionsschiffen, und anlanden kann man auch nur, wenn es die Witterungsbedingungen erlauben. Ein Inselurlaub im üblichen Sinne ist hier nicht möglich. Anders als auf den

Kanaren etwa, die ich vor einiger Zeit bereist habe. Einen größeren Gegensatz zur Jan-Mayen-Insel scheint es nicht zu geben. Millionen Urlauber vor allem aus Westeuropa fliegen Jahr für Jahr auf eine der sieben Kanarischen Inseln, und die Touristenorte in Playa de las Américas oder Maspalomas bieten Rummel und Unterhaltung bis zum Abwinken. Dabei sind die Kanaren viel mehr als das und vor allem geographisch eine hochinteressante, einmalige Ansammlung von Inseln. Sie sind das Ergebnis von sogenannten Hotspot-Vulkanen. Die heißen so, weil sie nicht wie die allermeisten Vulkane an den Rändern tektonischer Platten entstanden sind, sondern sich irgendwo anders durch die Erdkruste gebohrt haben. Hawaii ist durch Hotspot-Vulkane entstanden, und das Gleiche gilt für die Kanaren. Sie sind weltweit einzigartig wegen des besonderen Klimas. Sonne, Wind und der hier kühle Atlantik sorgen dafür, dass es nie zu heiß und nie zu kalt wird. Auf einigen wächst an steilen Berghängen üppiges Grün, wie auf La Palma. Andere sind karge schwarze Inseln, deren Relief wie eine Mondlandschaft anmutet, wie auf Lanzarote.

Meine Reise zu den Kanaren hatte mich nach Fuerteventura geführt. Ich saß im Flieger am Fenster und beobachtete, wie die dichte Wolkendecke unter uns dünner und löchriger wurde, je weiter südlich wir über den europäischen Kontinent flogen. Als sie schließlich vollends aufriss, waren wir über dem blau funkelnden Atlantik.

Es war noch hell, als ich abends am Strand aus dem Taxi stieg. Aber die Abendsonne tauchte den Himmel bereits in ein beeindruckendes Rot. Ich hielt kurz inne und streifte am Straßenrand die Sneakers ab, trat in den feinen Sand, spürte die Sandkörner bei jedem Schritt unter der Sohle, zwischen den Zehen. Es war windstill, nur ganz leise brandeten die Wellen an den flachen Strand. Ich war fast allein, nur ein paar wenige Menschen konnte ich an der langen Bucht ausmachen. Ich wollte noch nicht zum nahe gelegenen Hotel gehen, sondern stellte die Reisetasche und die Sneakers ab. Die Badehose trug ich bereits unter der Jeans. Denn das war der Plan. Nur deswegen war ich praktisch hier.

Das Wasser war kühl, als ich langsam hineinstieg, glasklar, hellblau. Ich halte mich nie lange damit auf, mich an die Temperatur zu gewöhnen, sondern tauche möglichst rasch den Körper samt Kopf unter Wasser, und so schwimme ich auch jetzt los, ein Stück raus, dann wieder zurück zum Strand. Während ich mir das Wasser aus den Augen reibe, blinzele ich der glutroten Sonne entgegen. Zweck der Reise erfüllt: Ich bin glücklich!

Die Natur kann uns beglücken, sie kann unser Bedürfnis nach dem Schönen befriedigen, sie kann aber auch ein Tor zur Spiritualität sein. Auch Spiritualität wird als eine Charakterstärke betrachtet, denn durch sie verbinden wir uns mit dem, was uns umgibt, wir sind nicht mehr vereinzelt, fühlen uns geborgen. Spiritualität ist nicht logisch erklärbar, sie ist ein tiefes Gefühl der Zugehörigkeit zu dem nicht fassbaren Ganzen. Spiritualität kann Religion sein, also eingebettet in ein System von Glaubenssätzen, wie wir es aus den großen Weltreligionen kennen. In den sogenannten Naturreligionen stellt das Spirituelle den Kontakt her zu den Ahnen, auch zu Tiergöttern und allgemein zur Geisterwelt. Untersuchungen haben ergeben, dass Menschen, die sich als spirituell im Sinne von religiös bezeichnen, glücklicher sind als andere Menschen beziehungsweise mit Herausforderungen und Krisen besser umgehen können.

Spiritualität kann sich aber auch anders äußern, ohne Religionsgemeinschaft, in einer individuellen, transzendenten Beziehung zur Welt. Klingt abstrakt, aber ich kann das ganz konkret auf mich beziehen.

Ich würde mich nicht als religiös bezeichnen. Spirituell berührt war ich aber immer wieder während meiner Zeit im Nahen Osten. Ende der neunziger Jahre etwa, als ich einige Zeit bei einer christlich-syrischen Familie in Damaskus lebte. Ich hatte das bislang noch nirgendwo erlebt, dass das Leben, der ganze Alltag durchzogen ist von einem tiefen Gottesglauben. Und das hat mich sehr beeindruckt. Jeden Sonntag ging ich mit der Familie in die Kirche, eine orthodoxe Kirche, die so ganz anders aussah als die oft recht nüchternen protestantischen Kirchen Norddeutschlands, mit den gold- und silbergerahmten Ikonen überall und dem Duft nach Weihrauch. Die Kirche war immer bis auf den letzten Platz gefüllt. Und nicht nur mit alten Menschen, wie es bei uns zumeist der Fall ist. Man sah junge Männer in weißen Gewändern, junge Frauen, die das Haar locker mit Spitzentüchern bedeckt hatten.

Dieses Christentum hat mir sehr zugesagt, anders als dasjenige in unseren Breiten, das ja immer sehr weltlich daherkommt. In der syrisch-orthodoxen Kirche ist alles auf das Transzendente ausgerichtet. Der Gottesdienst dort kam mir mystisch vor. Ich hatte das Gefühl, es gab da noch diese Brücke in eine andere Welt. Manchmal überlege ich, ob ich mich in dieser Kirche besser aufgehoben fühlen würde als in der protestantischen, die ich später verließ. Oder habe ich mich da bloß von einem arg klischeehaften Bild von Kirche blenden lassen? Das glaubte zumindest eine Freundin von mir, mit der ich eines Abends im Herbst an der Ostsee intensiv darüber diskutierte. Wir waren bei Freunden in Eckernförde in Schleswig-Holstein zu Besuch, und ich wollte eigentlich bereits ins Bett, als irgendwie die Sprache auf das Thema Kirche kam und ich äußerte, dass ich überlegte auszutreten. Besagte Freundin hakte nach, wollte wissen, warum. Ich erzählte von meiner Syrien-Erfahrung und dass ich mich nicht angesprochen fühle, wenn Kirche zunehmend aktuelle politische Themen aufgreift. Dazu bräuchte ich sie nicht, denn dafür gibt es ja schon Parteien und Organisationen. Bin ich deswegen unspirituell? Ich glaube eigentlich nicht, denn das, was ich in der Natur empfinde, kann man wohl durchaus als spirituell bezeichnen. Weniger im Sinne einer Verbundenheit zu Gott oder einem Schöpfer, aber in dem Sinne, dass man sich als Teil eines größeren Ganzen fühlt, einer Welt, eines Universums, das uns alle überdauern wird und das ich als »gut« empfinde. Meer, Berge, Wälder, Landschaften, in denen ich Geborgenheit fühle und innere Ruhe finde. Und dazu braucht es nicht die Kanaren oder die Insel Jan Mayen. Auch ein Ausflug an Nord- und Ostsee, in den Wald ganz in der Nähe oder zum Baggersee kann diesen Effekt auslösen, ja, auch einfach ein Spaziergang im Park in der Stadt.

Aber es gibt natürlich noch viele andere Möglichkeiten, den Sinn fürs Schöne zu schärfen. Neben der Kunst und der Natur ist das für mich vor allem – Essen.

Dass Essen glücklich machen kann, wird wohl kaum jemand bezweifeln. Ein saftiges Steak oder eine köstliche Portion Spaghetti Bolognese, im Winter Grünkohl, im Sommer ein frischer Salat. Jeder von uns hat ein Essen, ein Gericht vor Augen, bei dem ihm oder ihr buchstäblich das Wasser im Munde zusammenläuft und man sich allein beim Gedanken daran wohlfühlt. Der Sinn fürs Schöne wird beim Essen auf sehr vielfältige Weise angesprochen. Schon optisch, von der Art und Weise, wie Speise und Zutaten aussehen, wie sie angerichtet und an einem festlich gedeckten Tisch serviert werden – das Augen isst bekanntlich mit. Und dann vom Geschmack natürlich – und nicht nur vom Geschmack, sondern auch von dem Gefühl, das wir beim Essen im Mund haben.

In fast allen Kulturen der Welt ist Essen nicht nur Nahrungsaufnahme und möglicherweise Genuss, sondern immer auch ein soziales, oft stark rituelles Ereignis. Es spricht daher auch sogenannte gemeinschaftsorientierte Stärken an, die fürs Glücklichsein wichtig sind.

Aber damit nicht genug. Essen, die Zutaten und Inhaltsstoffe liefern eben nicht nur Kohlenhydrate, Fette und Eiweiße, sondern eine Vielzahl weiterer Komponenten, die jeweils bestimmte Effekte auf unseren Körper haben können. So kann Rote-Bete-Saft nachweislich den Blutdruck senken – wozu man allerdings jeden Tag einen halben Liter des tiefroten Saftes süffeln müsste. Schokolade gilt als ein natürliches Antidepressivum, und Hühnersuppe soll antibiotische Eigenschaften besitzen.

Essen hat also einen Einfluss auf Körper und Seele. Zwar kann Essen keine ernsthaften Erkrankungen heilen, aber es kann doch einen Beitrag dazu leisten, dass wir uns besser fühlen.

Werde ich also glücklich, wenn mein Lieblingsessen Eis ist und ich den ganzen Tag lang Eis esse oder als Pasta-Fan nonstop leckere Nudeln?

So einfach ist es nun auch wieder nicht. Denn früher oder später wird mir bei all dem Zucker und der Sahne in dem Eis schlecht. Und natürlich weiß ich, dass es nicht gerade gut ist, wenn ich kiloweise Nudeln in mich reinstopfe. Wenn mir nicht direkt schlecht wird, bekomme ich zumindest ein schlechtes Gewissen. Von Glücksgefühlen keine Rede.

Glücksessen funktioniert nur, wenn ich in Maßen zu mir nehme, was ich besonders mag. Auch ein Burger etwa oder eine Portion Pommes *kann* durchaus ein Glücksgefühl auslösen, zum Beispiel, wenn ich lange Zeit kein Fast Food gegessen habe und mich bei einer besonderen Gelegenheit damit belohne. Aber es sind andere Nahrungsmittel und Inhaltsstoffe, die in unserem Körper chemisch dazu beitragen, dass wir glücklich sind. Nämlich die, so haben es Wissenschaftler herausgefunden, die den Stoff Tryptophan enthalten und dann noch mit Kohlenhydraten kombiniert werden. Tryptophan ist eine Aminosäure, aus der im Gehirn Serotonin gebildet wird, das uns, wie wir inzwischen wissen, Glücksgefühle beschert. Der Stoff kommt nun in zahlreichen unterschiedlichen Lebensmitteln vor, so etwa in Obst, Gemüse, Getreide – und Schokolade. Irgendwas essen wir also bestimmt jeden Tag, das uns mit Tryptophan versorgt. Kohlenhydrate wiederum wandelt unser Körper größtenteils zu Glukose um, die die Bauchspeicheldrüse zur

Bildung von Insulin anregt, was dann seinerseits den Tryptophanspiegel im Gehirn erhöht.

Gleichzeitig deuten Studien darauf hin, dass wir glücklicher sind, wenn wir weniger Eiweiß zu uns nehmen und dieses Eiweiß dann durch Fischkonsum gedeckt wird. Denn offenbar nimmt unser Gehirn Tryptophan besser auf, wenn wir wenig Eiweiß konsumieren.

Fisch wiederum scheint unsere Stimmung aufzuhellen. Untersuchungen zeigen: Je mehr Fisch man isst, desto seltener wird man depressiv, was womöglich eine Erklärung dafür ist, warum Depressionen in Japan oder Taiwan erheblich seltener vorkommen als bei uns. Fischöl gilt ebenfalls als ein natürliches Antidepressivum. So scheußlich Lebertran also auch schmecken mag (ich weiß, wovon ich spreche, ich musste als Gastschüler bei einer isländischen Familie jeden Morgen einen Löffel *lýsi* – Isländisch für Lebertran – zu mir nehmen), so wirkt er sich sehr positiv auf unser seelisches Befinden aus. Woran das liegt? Da tappen Forscher noch im Dunkeln. Es könnte sein, dass es vor allem am Fettgehalt liegt, der dafür sorgt, dass das Tryptophan in großer Menge ins Gehirn kommt.

Vor diesem Hintergrund müsste das perfekte Glücksessen besonders kohlenhydrathaltig und mit Fischöl versetzt sein. Pommes und Kabeljau etwa oder Lachs und Reis. Sushi! Macht *mich* auf jeden Fall glücklich. Meine Mutter aber zum Beispiel nicht. Die kann mit den kleinen japanischen Speisen nichts anfangen und wird eher unglücklich, wenn man ihr die asiatischen Fischhäppchen vorsetzt. Worauf ich hinauswill: Wahrscheinlich lässt sich nicht allgemeingültig ableiten, welche speziellen Gerichte uns alle glücklich machen. Dafür sind Geschmäcker zu individuell. Was sich aber sicher sagen lässt, ist, welches Essen eindeutig *nicht* glücklich macht, selbst wenn man es mag: das bereits erwähnte Fast Food etwa. Denn heute weiß man: Gesättigte Fette und Zucker fördern Mikroentzündungen im Körper, die auf Dauer zu unterschiedlichsten Problemen führen können – auch zu Depressionen und Angsterkrankungen. Fast Food ist also auf jeden Fall Unglücksessen!

Für alle Genussmenschen, die sich jetzt bestätigt fühlen, dass sie sich einfach glücklich essen können, gibt es allerdings einen kleinen Dämpfer. Denn offenbar ist es so, dass Nichtessen auch glücklich macht. Das zumindest ergab eine Studie in den USA mit 220 Teilnehmern unter 50 Jahren, die in zwei Gruppen aufgeteilt wurden: Die eine durfte essen wie gewohnt, die andere sollte ihren Kalorienverbrauch um 25 Prozent reduzieren – und das zwei Jahre lang! Am Ende kam heraus: Die Diätgruppe war gesünder, zufriedener und glücklicher als die »Normalgruppe«.

Noch ausgeprägter ist das Phänomen bei Menschen, die fasten. Sie berichten von einem regelrechten Hochgefühl, dem sogenannten »Fasten-High«. Auch in diesem Fall ist offenbar unsere Gehirnchemie verantwortlich. Denn auf Nahrungsentzug reagiert es mit der Ausschüttung von – na? – Serotonin!

Fasten kommt für mich aber derzeit nicht infrage. Also zurück zum Essen. Da kommen ja noch weitere glücksbringende Umstände hinzu. Jeder von uns verbindet mit einzelnen Gerichten bestimmte positive Erinnerungen, die durch den Geschmack quasi reaktiviert werden. Ich zum Beispiel liebe Crêpes, weil sie mich an den Sommerurlaub mit

Freunden in Arcachon an der französischen Atlantikküste erinnern, wo wir Kinder an dem unendlich weit erscheinenden Strand in den tosenden Wellen spielten und zwischendurch zur Promenade rannten, um uns dort zur Stärkung für ein paar Francs Crêpes mit Marmelade zu holen.

Und: Kochen und Essen haben eine starke soziale Komponente, die wiederum das Glückselement der Geselligkeit und Gemeinschaft beinhaltet. Jeder von uns hat das womöglich während der Corona-Pandemie erlebt. Man konnte nirgendwo hingehen, draußen lauerte das Virus, Lokale waren geschlossen. Da wollte man es sich wenigstens zu Hause schön machen – und dazu gehörte auch, gut zu kochen. Jedenfalls war das bei uns so. Nicht unbedingt jeden Tag. Aber zwei-, dreimal die Woche haben wir uns vorgenommen, neue Rezepte auszuprobieren, den Tisch schön zu decken. Und später, als das wieder ging, Freunde dazu einzuladen.

Bis zum Ausbruch der Pandemie war das anders gewesen. Bis dahin konnte ich mich zwar fürs Essen begeistern, aber nicht fürs Kochen. Zwar war ich kein Fast-Food-Junkie, aber über Nudeln mit selbst gemachter (immerhin!) Tomatensoße oder Reis mit Gemüse kam ich nicht hinaus. Ganz anders meine Frau, die begeisterte Köchin ist und mich bis dahin selbstlos mit phantastischen Kreationen verwöhnte. Doch jetzt forderte sie mich auf, mit anzupacken. Selbst gemachte Wan Tan mit Shiitake-Füllung und Chili-Soja-Soße, Blumenkohl-Granatapfelkern-Salat oder Kabeljau in selbst gemachtem Miso-Sud. Zugegeben: Häufig beschränkt sich mein Beitrag noch immer auf das Kleinschneiden von Gemüse und andere Hilfsarbeiten. Aber immerhin: Manche

Gerichte kann ich inzwischen auch in Eigenregie ganz gut zubereiten. Bislang wurde eigentlich nur dann so richtig aufwändig gekocht, mit schön gedecktem Tisch und allem, wenn Freunde zu Besuch kamen. Für uns, die Familie, gut zu kochen ist eine glücklich machende Methode, die wir erst in der Pandemie erlernt haben.

Humor

Wenn wir lachen, kann man sofort sehen, dass wir glücklich sind. Anders als beim Essen oder wenn wir die Natur erleben, wo wir unser Glück vorwiegend still genießen, ist Lachen immer mitteilsam. Lachen ist deutlich ein gesellschaftliches Phänomen und doch höchst individuell: Jeder hat einen anderen Humor, jeder lacht über etwas anderes.

Es gibt ungefähr fünfzig verschiedene Arten des Lächelns und Lachens. Schmunzeln, Grinsen, leises und lautes Lachen, echtes oder unechtes Lachen. Kinder sind sehr viel besser als Erwachsene darin, das Lachen des Gegenübers richtig zu decodieren, sie spüren sehr schnell, wie ein Lachen gemeint ist. Kinder lachen auch viel häufiger als Erwachsene, nämlich mehrere hundert Mal am Tag über alles Mögliche. Wir Erwachsenen dagegen lachen im Schnitt nur noch fünfzehn Mal am Tag.

Beim Lachen aktivieren wir etwa achtzig Muskeln – weswegen man sich nach einem Lachanfall auch richtig erschöpft fühlen kann oder es vor Lachen kaum aushält. Auch hier ist der Schlüssel zum positiven Gefühl, dass Lachen dafür sorgt, dass Glückshormone im Gehirn freigesetzt werden. Unter anderem Endorphine, weswegen Lachen auch dazu beitragen kann, Schmerzen zu lindern.

Lachen kann auch für negative Gefühle sorgen – wenn man ausgelacht wird zum Beispiel. Und nicht jede Form von Humor entspringt einer positiven, humanen Gesinnung. Eine humane Gesinnung zeigt sich zum Beispiel in Form von Selbstironie, wenn man also über sich selbst lachen kann. Experten sagen, dies sei die höchste Kunst des Humors, die nicht jeder beherrsche. Wer über Selbstironie verfügt, wirft einen Blick von außen auf sich und sein Handeln, und das können nur Menschen, die sich wohl mit sich selbst und sicher in ihrem Handeln fühlen.

Schwarzer Humor wiederum kreist um an sich ernste Themen wie Tod oder Gebrechen und macht sich in gewissermaßen verharmlosender Weise darüber lustig, wie zum Beispiel: »Was sucht ein Einarmiger in der Einkaufsstraße? Einen Second-Hand-Shop.«

Galgenhumor ist eine Spielart des schwarzen Humors. Wer über Galgenhumor verfügt, beweist, dass er so leicht nicht zu erschüttern ist, wie der Todeskandidat auf dem elektrischen Stuhl, der sagt: »Wenigstens muss ich die Stromrechnung nicht bezahlen.« Diese Art von Humor kann mit ihrer Entlastungsfunktion durchaus glücksfördernd sein.

Nun halte ich mich grundsätzlich für humorvoll, aber ich kann über Witze nur selten lachen. Mir gefällt Situationskomik besser. Der französische Philosoph Henri Bergson definierte sie so: »Eine Situation ist immer dann komisch, wenn sie gleichzeitig zwei völlig unabhängigen Reihen von Ereignissen angehört und so einen doppelten Sinn hat.«

Nudel im Gesicht *und* Liebesgeständnis zum Beispiel: »Hildegard, sagen Sie jetzt nichts!« Ein Paradebeispiel.

Ähnliche komisch-peinliche Momente hat wohl jeder schon mal erlebt. Ich erinnere mich an eine Moderationskollegin, die mit mir im Studio stand. Sie sagte, dass sie heiser sei und einen Frosch im Hals habe. Während die Beiträge liefen und ihr Mikrofon aus war, musste sie sich ständig räuspern. Irgendwann hatte sie nicht bemerkt, dass wir wieder auf Sendung waren, und sagte live auf dem Sender: »Mein Frosch hat sich hochgearbeitet.« Ich konnte mich kaum halten.

Für Lacher sorgen natürlich immer Versprecher. Legendär der schöne Satz, dass dieses oder jenes Unternehmen »in den Urin getrieben wurde«. Überhaupt bietet Fernsehen auch für die, die vor der Kamera stehen, trotz aller Katastrophenmeldungen immer wieder heitere Momente. So, als ich auf dem Teleprompter das Wort »Müten« sah – und erst nach einer langen Pause realisierte, dass hier jemand »Mythen« meinte. Für den Zuschauer war wohl nicht klar, warum ich in dem Moment lachen musste. Ebenso wie bei dem Wort »Tieger«. Oder als plötzlich im Teleprompter das Wort »Whakarewarewa« auftauchte – der Maori-Name für eine neuseeländische Region, auf der sich ein Naturunglück ereignet hatte. Prima vista versuchte ich, den Namen irgendwie auszusprechen und verhedderte mich komplett – und brach schließlich in lautes Lachen aus. Natürlich vermeidet man als Moderator solche Momente vor der Kamera tunlichst. Aber wenn sie da sind, sind sie ganz mein Humor.

Wenn eine Situation komisch ist oder wenn die Pointe eines Witzes »zündet«, müssen wir einfach lachen, es überkommt uns, und dann ist das Lachen echt. Man nimmt sich nicht vor zu lachen. Ein solches Lachen wäre künstlich.

Aber möglicherweise ist es ja für die positive Wirkung des Lachens egal, ob es echt ist oder künstlich. Davon gehen jedenfalls die Anhänger des sogenannten Lachyogas aus. Die Anfänge dieser Bewegung liegen in Mumbai. 1995 entwickelte der indische Arzt Madan Kataria die Idee, die Stimmung der Teilnehmer seines Yogakurses durch grundloses Lachen zu verbessern. Er traf sich mit der Gruppe in einem Stadtpark von Mumbai, wo man schließlich anfing zu lachen. Einfach so. Hinzu kamen mit der Zeit rhythmische Lach- und Atemübungen. Die Gruppe wuchs, durch mediale Berichterstattung erregte die Idee weltweit Aufsehen, und heute gibt es den »International Laughter Club« mit Lachveranstaltungen in den USA, Kanada, im Vereinigten Königreich, in Indien, Malaysia und Frankreich – und natürlich auch online zum Mitmachen am Computerbildschirm.

Wissenschaftlich gesehen scheint das Verfahren zu funktionieren, dem Körper ist es tatsächlich ganz egal, ob echt oder unecht gelacht wird. Das, was am Lachen gesund ist – die besondere Atmung, die Zuckungen des Zwerchfells, die Erhöhung der Herzfrequenz und so weiter –, all das funktioniert unabhängig vom Auslöser. Aber mich spricht das Ganze nicht an. Die Vorstellung, grundlos zu lachen, widerstrebt mir.

Ich erinnere mich dafür mitunter jahrelang an den Auslöser einer Heiterkeit oder gar eines Lachkrampfs. So zum Beispiel an einen Film, den ich vor gut dreißig Jahre gesehen habe. Die Handlung ist mir nur dunkel in Erinnerung, aber ich weiß noch, dass ich mich vor Lachen nicht mehr halten konnte. Es war der Film *Hasch mich – ich bin der Mörder!* mit Louis de Funès aus dem Jahr 1971. Der Streamingdienst meines Vertrauens, bei dem es sonst fast alle Filme zu kaufen und zu mieten gibt, hat ihn nicht im Programm. Man muss, ganz wie in alten Zeiten, eine DVD kaufen.

Ich erzähle einem Freund von dem Film und dass ich mich damals so amüsiert habe. Er kann sich auch noch grob an den Streifen erinnern und würde sich *Hasch mich* auch gern noch mal ansehen. Und so beschließen wir, einen Fernsehabend zu machen, wie früher, als man noch nicht von Videostream zu Videostream switchte und Filme auch unterwegs auf dem Smartphone schauen konnte.

Ein verregneter Hamburger Abend, das Popcorn steht bereit. Den DVD-Player habe ich an einen Beamer angeschlossen, der den Film an eine große Wand im Wohnzimmer wirft. Wer den Film nicht kennt: Es geht darum, dass Antoine Brisebard (gespielt von de Funès), der nach außen als erfolgreicher Schriftsteller auftritt, in Wirklichkeit hohe Schulden hat. Da er die nicht begleichen kann, beschließt er, seinen Gläubiger, Monsieur Jo, umzubringen. Er lauert ihm eines Abends bei sich zu Hause auf und erschießt die Person, die wie vereinbart zur Geldübergabe zur Tür hereinkommt. Brisebard steht jetzt vor dem Problem, die Leiche loszuwerden, die er zunächst in einen Duschvorhang wickelt (von dem er später seiner Frau sagt, er habe ihn einem Bedürftigen gespendet), dann unter dem Sofa versteckt, dann im neu gegossenen Fundament der Gartenlaube einbetoniert, bis er sie schließlich, mit viel Gips in eine Statue verwandelt. Dabei geht alles schief: Aufgrund der Leichenstarre springt ein Arm immer wieder unter dem Sofa hervor. Gerade als Brisebard die Leiche unter der Gartenlaube einbetoniert hat, erscheint überraschend eine spanische Flamenco-Truppe, die so lange auf dem Laubenboden Flamenco tanzt, bis der Beton Risse bekommt. Und die skurril aussehende Statue fängt an zu bröckeln. Dann erfährt Brisebard, dass er offenbar im Dunkeln die falsche Person erschossen hat, und seine Frau kommt zu allem Überfluss auch noch dahinter, dass ihr Ehemann einen Menschen umgebracht hat – und hilft ihm kurz entschlossen, die Leiche zu entsorgen, die sich zu ihrem Leidwesen allerdings nur schwer zersägen lässt.

Es ist Klamauk, was bei Louis de Funès natürlich nicht überraschend ist. Könnte ich heute noch darüber lachen, wenn ich den Film nach so langer Zeit wieder sehen würde? Nun – nach all den Jahren diese schräge Komödie einmal wieder gemeinsam zu schauen, war einfach schön. Wir haben herzhaft gelacht – vor allem natürlich bei der einen Szene, die diesen Film überdauert hat und zum Kult wurde, als Louis de Funès neben dem ermittelnden Kommissar auf dem Sofa sitzt, unter ihnen die Leiche mit dem rausspringenden Arm.

»Stellen Sie sich vor, Monsieur Jo war ein Erpresser!«

»Nein!«

»Doch!«

»Oh!«

»Und wir haben bei ihm eine Liste der Menschen gefunden, die er erpresst hat!«

»Nein!«

»Doch!«

»Oh!«

»Und ich bin heute hier, weil Sie auf dieser Liste stehen!«

»Ich?«

»Sie!«

»Nein!«

»Doch!«

»Oh!«

Spätestens an dieser Stille musste ich lachen wie damals als Kind. Und ich war rundum glücklich!

Daher: Wenn Sie es mit Lachyoga versuchen wollen, ist das natürlich total in Ordnung. Jeder muss das finden, was für ihn oder sie in Sachen Humor funktioniert. Aber manchmal reicht auch schon ein Blödelfilm von früher, der uns zurückversetzt in eine Zeit, in der wir eindeutig unbeschwerter waren als heute.

Last but not least

Ich bin eine Eule. Eulen sind Menschen, die – im Gegensatz zu den sogenannten Lerchen – erst abends zu Höchstform auflaufen, eher spät ins Bett gehen und gern lange ausschlafen. Es gibt für mich kaum etwas Schöneres, als morgens langsam aufzuwachen, in Ruhe einen Kaffee zu trinken – groß zu frühstücken ist nicht mein Ding – und dann irgendwann am späten Vormittag aus dem Haus zu gehen und in den Tag zu starten.

Das geht natürlich nicht immer. Es gibt Tage, an denen ich Frühdienst bei der Tagesschau habe, die sogenannte Moma-Schicht, weil wir da die Nachrichten im *ARD-Morgenmagazin* sprechen. Die erste Sendung ist um 5.30 Uhr, das heißt, mein Wecker klingelt um 4 Uhr, und ich springe von null auf hundert in die neben dem Bett bereitgelegten Klamotten, stürze einen schnellen Kaffee herunter, schnappe mir die abends schon gefüllte Frühstücksdose und sitze um 4.15 Uhr im Auto Richtung Sender. Um 4.30 Uhr bin ich im Büro, 4.45 Uhr Maske, 5.15 Uhr Text durchlesen, 5.25 Uhr im Studio … Für eine Eule ein Albtraum.

Wobei, wenn ich erst einmal durch bin mit der Schicht,

fühle ich mich pudelwohl. Etwas müde, klar, aber ich freue mich, dass ich den Tag noch vor mir habe, verspüre einen stärkeren Optimismus als sonst. Moma-Dienste tun mir also de facto gut! Obwohl ich in der Nacht nur wenig Schlaf bekommen habe. Oder gerade weil: Es mag sich absurd anhören, aber Schlafentzug kann glücklich machen!

Schon lange weiß man etwa, dass sich bei der Mehrheit schwer depressiver Menschen die Stimmung erheblich aufhellt, wenn man sie nicht schlafen lässt. Seit den siebziger Jahren gibt es daher die sogenannte Wachtherapie, bei der man die Erkrankten nicht nur die gesamte Nacht wach hält, sondern sie am nächsten Tag auch erst um 22 Uhr wieder schlafen lässt – ein Nickerchen am Mittag würde den Effekt nämlich wieder zunichtemachen. Der Effekt ist bei vielen stark ausgeprägt. Probanden gaben in Studien an, sie seien nach einer durchgemachten Nacht »ganz andere Menschen«. Nun, das Gefühl kennt der ein oder andere Nichtdepressive vermutlich nach einer langen Partynacht. Aber Spaß beiseite. Ich kann insofern mitreden, als wir bei der *Tagesschau* neben den Moma-Diensten auch Nachtdienste haben, die von Mitternacht bis 8.30 Uhr morgens gehen. Vor meiner ersten Nachtschicht hatte ich großen Bammel, weil ich überhaupt nicht einschätzen konnte, wie ich damit klarkäme, und es mir ganz schrecklich vorstellte. Zu meiner Überraschung war es schließlich halb so wild. Es gibt verschiedene Möglichkeiten, so eine Nachtschicht durchzuziehen, was auch davon abhängt, wie viele Sendungen zu welcher Uhrzeit es gibt. Üblicherweise ist die erste Nacht-*Tagesschau* irgendwann zwischen 1 und 2 Uhr und die danach folgenden gegen 3 und 4 Uhr. Ich habe mir angewöhnt, doch irgendwann zumindest ein oder zwei Stunden zu schlafen – meistens nach der letzten Sendung. Es gibt aber auch Nächte, da funktioniert das nicht, und es hat einfach keinen Sinn zu schlafen – weil man dann nur fertiger ist, als wenn man wach bleiben würde. Und interessanterweise ist es tatsächlich so, dass ich am folgenden Tag jedes Mal extrem gut gelaunt bin. Ich nehme trotz der Müdigkeit vieles viel intensiver wahr: die Sonne, den Regen, die Menschen um mich herum und bin innerlich sehr gelassen. Ich habe es mir angewöhnt, nach der Nachtschicht direkt zum Sport zu gehen. Und auch wenn ich natürlich nicht permanent Nachtdienste machen möchte und mich über das Schlafen zu nächtlicher Stunde in meinem gemütlichen Bett freue: Mir geht es damit emotional richtig gut, und ich freue mich sogar ein bisschen auf dieses Gefühl, wenn ich wieder Nachtschicht habe!

Nun sollte man vielleicht beides nicht zu strikt durchziehen, nur um sich etwas besser zu fühlen – um 4 Uhr aufstehen oder die ganze Nacht wach bleiben. Wenn ich nicht müsste, würde ich das wohl auch nicht tun. Aber es hat doch klar einen positiven Effekt, wenn wir lieber etwas zu kurz als zu lang schlafen. Und das sage ich als Eule!

Und schließlich noch ein weiterer, wenig überraschender, aber ungemein effektiver Tipp, um sich schnell mit guter Laune und Glücksgefühlen zu versorgen: Sport.

Ich bin einigermaßen gut in Form, weil ich seit vielen Jahren mehrmals die Woche Sport mache. Nichts Außergewöhnliches. Zu Hause habe ich ein Spinning-Rad, auf dem ich regelmäßig strampele. Dabei war ich als Jugendlicher nicht unbedingt eine Sportskanone. Ich war eher schmächtig und fing erst mit Anfang zwanzig an, mich richtig sportlich zu betätigen. Damals bereitete ich mich auf mein Erstes juristisches Staatsexamen vor. Eine Ausnahmesituation, denn vom Bestehen dieser Prüfung und vor allem mit welcher Note hängt sehr viel ab. Ungefähr ein Jahr lang bereitet man sich üblicherweise darauf vor, manche auch viel länger. Tagelanges Lernen in der Bibliothek, regelmäßige Probeklausuren, Repetitorien, eine Flut an Informationen, komplexe Sachverhalte … Irgendwann ging es nicht mehr. Ich musste einfach mal den Kopf frei bekommen. Also zog ich eines Abends Turnschuhe an und lief einfach los, einmal durch einen Park bei mir um die Ecke. Der erhoffte Effekt setzte sofort ein. Spätestens, wenn man immer mehr pustet und japst, sind die Gedanken an Strafrecht und Handelsgesetzbuch schnell vergessen, man sieht nur noch die nächste Ecke, zu der man es schaffen will, konzentriert sich voll und ganz auf seine Atmung.

Wir Menschen sind dazu geschaffen, uns zu bewegen. Beweglichkeit war für unsere Vorfahren essenziell, um zu überleben. Sie mussten entweder Tiere fürs Essen jagen oder sich vor ihnen in Sicherheit bringen. Bis heute ist unser Organismus darauf ausgelegt, dass wir uns bewegen, damit unter anderem innere Organe mit ausreichend Nährstoffen und Sauerstoff versorgt werden. Gleichzeitig sorgt Bewegung dafür, dass wir uns gut fühlen. Auch hier sind es wieder die üblichen Verdächtigen, die für die Glücksgefühle sorgen, wenn wir zum Beispiel gezielt Sport treiben: Dopamin und Endorphine etwa. Aber wohl auch sogenannte Endocannabinoide, körpereigene, Cannabis-ähnliche Substanzen, die uns in einen Rauschzustand versetzen können, wodurch wir weniger Schmerz und weniger Angst verspüren. So sind wir nach dem Laufen, Schwimmen, Fußballspielen erschöpft, aber glücklich.

Bei schon leicht erhöhter Belastung steigt die Sauerstoffversorgung um etwa 30 Prozent, wodurch wiederum biochemische Stoffe besser transportiert werden. Außerdem scheint regelmäßiger Sport dafür zu sorgen, dass unser Gehirn neue Synapsen bildet. Doch damit nicht genug: Forscher haben herausgefunden, dass, wenn wir regelmäßig trainieren, unser Gehirn »wächst«. So hätten Sportler im Vergleich zu Nichtsportlern in bestimmten Arealen mehr Gehirnsubstanz, vor allem im supplementär-motorischen Areal. Wobei noch nicht ganz klar ist, was das Sportlern neben dem guten Beherrschen von Bewegungsabläufen praktisch bringt. Dass es aber über bloße Bewegungsabläufe hinausgeht, darauf deuten weitere Studien hin, die untersucht haben, wie sich die Leistungsfähigkeit des Gehirns bei Menschen verändert, die einem intensiven Intervalltraining ausgesetzt werden. Im Ergebnis nämlich äußerst positiv, was sich im überdurchschnittlich guten Abschneiden in entsprechenden Tests nachweisen ließ.

Bis es so weit ist, braucht es allerdings eine gewisse Regelmäßigkeit. Der Glückseffekt nach dem Sport setzt allerdings sofort und jedes Mal wieder ein. Vorausgesetzt natürlich, es ist ein Sport, der uns auch Spaß macht. Wer eine strikte Abneigung gegen Wasser hat, für den ist Schwimmtraining wohl kaum der Schlüssel zum Glück. Und was man mag und was nicht und welche Bewegung einem guttut – das muss man einfach ausprobieren. Ich zum Beispiel hängte nach meinem anfänglichen Versuch während des

Staatsexamens meine Jogging-Ambitionen schnell wieder an den Haken. Mein Lieblingssport ist Schwimmen. Blöd ist nur, dass man dafür ein entsprechendes Schwimmbad braucht, das eben nicht immer und überall zur Verfügung steht. Und nichts nervt mich mehr, als in einem 25-Meter-Becken permanent wenden zu müssen. Irgendwann landete ich beim Fahrradfahren beziehungsweise Spinning und blieb dabei. Seit vielen Jahren findet man mich mehrmals die Woche im Fitnessstudio auf einem Spinning-Rad strampeln, sechzig Minuten bei 220 Watt. Das ist ganz ordentlich, und das merke ich auch, wenn ich zum Ende hin hechelnd mit hochrotem Kopf die letzten Minuten durchhalte.

Wie groß dieser Effekt ist, konnte ich während des Corona-Lockdowns spüren, als plötzlich die Fitnessstudios geschlossen hatten. Je länger der Zustand andauerte, umso antriebsloser wurde ich und bekam tatsächlich auch schlechte Laune – wobei das natürlich auch zu einem großen Teil an der schrecklichen Nachrichtenlage gelegen hat. Jedenfalls spürte ich, dass der Sportentzug mir körperlich, aber auch emotional überhaupt nicht guttat. Ich fing dann irgendwann wieder an, durch den Park zu laufen. Für mich eine Notlösung. Richtig glücklich wurde ich damit nicht. Schließlich schaffte ich mir dann also für zu Hause ein Spinning-Rad an und überlegte mir, wie ich mich darüber hinaus in Form halten könnte. Ich suchte nach effektiven Trainingsmethoden, die man auch zu Hause ohne große Geräte durchführen kann, und landete irgendwann bei sogenannten Burpees. Eine Bewegungsabfolge aus Kniebeuge, Push-up und Strecksprung, die Kraft und Ausdauer trainiert. Und zwar ziemlich intensiv, wenn man die Wiederholungszahl und das Tempo hochfährt. Mit dem Spinning-Rad und den Burpees hielt ich mich in Corona-Zeiten fit – und zwar sowohl körperlich als auch emotional.

4. Kapitel

GLÜCKS-CODE

Kann jeder
glücklich sein?

Nun kann man natürlich einwenden: Du hast gut reden, du hast Arbeit, bist gesund und hast ein gutes soziales Umfeld. Da fällt es leicht, sich schönen Gefühlen zu widmen, um sich glücklich zu fühlen. Mir selbst erscheinen meine Rahmenbedingungen als großes Privileg, und so frage ich mich: Kann man glücklich sein, wenn die äußeren Umstände weniger günstig sind?

Um dieser Frage nachzugehen, treffe ich mich zu einem Gespräch mit Professor Tobias Esch. Er ist Allgemeinmediziner, Gesundheitsforscher und Neurowissenschaftler, war unter anderem an der Harvard University und an der Berliner Charité tätig und lehrt seit 2016 als Professor für Integrierte Gesundheitsversorgung und Naturheilkunde an der Universität Witten/Herdecke. Esch beschäftigt sich immer wieder mit der Frage, was Glück ist und wie Menschen in unterschiedlichen Lebenssituationen glücklich sein können.

»Wie ist es«, will ich von ihm wissen, »wenn jemand sterbenskrank oder bitterarm ist? Kann man dann überhaupt glücklich sein? Oder ist Glück aussichtslos, wenn die äußeren Faktoren dagegensprechen?«

Esch: »Wir benutzen in diesem Kontext den Begriff ›Zufriedenheitsparadoxon‹. Dahinter steckt, dass wir herausgefunden haben, dass, wenn Menschen älter werden, sie paradoxerweise statistisch gesehen immer zufriedener werden. Das gilt natürlich nicht für alle Menschen, aber statistisch gesehen ist es so. Der Tiefpunkt der Lebenszufriedenheit liegt demnach bei etwa 42 oder 43 Jahren, danach geht es wieder aufwärts, und wir werden im Durchschnitt immer zufriedener. Und das, obwohl etwa zwei Drittel der Menschen ab 65 mindestens zwei chronische Erkrankungen haben, viele von Altersarmut bedroht sind, viele bereits Verluste erlitten haben. Die äußeren Faktoren, die man dem Glück zuschreibt – Gesundheit etwa oder Einkommen –, scheinen im Laufe des Lebens ihren Einfluss zu verlieren, und das Glück demaskiert sich. Nämlich als eine Art innerer Frieden, ein Lebenslohn für das, was ich erlebt habe.«

»Gibt es denn gar keinen zwingenden Zusammenhang zwischen Glück und Lebensumständen?«

Esch: »Doch, den gibt es. Denn wir wissen, dass die Voraussetzung für das Empfinden von Glück ist, dass die Grundbedürfnisse gedeckt sind. Dass ich ausreichend Einkommen habe, dass ich ein Dach über dem Kopf habe, dass ich Mittel habe, um mir Essen und Trinken zu leisten, und weitere grundlegende Voraussetzungen erfüllt sind. Das allerdings auf einem relativ niedrigen Niveau. So produziert schon, beginnend ab einem recht geringen Betrag, mehr Geld nicht mehr Glück. Dann ist es eben nicht mehr das Geld, aber auch nicht die Gesundheit, an der Glück hängt. Denn wenn der Spruch ›Gesundheit ist nicht alles, aber ohne Gesundheit ist alles nichts‹ stimmen würde, könnten ältere Menschen ja gar nicht glücklich sein.«

»Aber was ist mit unheilbar Kranken? Da fällt es einem doch schwer, sich vorzustellen, dass man dann noch glücklich sein kann.«

Esch: »Das stimmt, in diesen Fällen ist Glück schwerer erlebbar. Aber auch nicht ausgeschlossen. Dazu gibt es das sogenannte ABC-Modell, das drei Arten von Glück unterscheidet. Typ-A-Glück erleben wir vor allem in der Jugend: starke Glücksmomente, voller Vorfreude, Begehren, Abenteuer. Wenn ich etwas will und es bekomme. Ich spüre Glück körperlich, aber weiß, dass dieses Gefühl vergeht. Das Typ-B-Glück ist, wenn ich etwas gerade nicht will, also etwas Unschönes vermeiden will. Das kann der Konflikt am Arbeitsplatz sein, eine Krankheit. Wenn ich also will, dass das Unglück eine Pause einlegt. Dieses Glücksgefühl finden wir vor allem in der mittleren Lebensphase. Dann gibt es das Typ-C-Glück, das man als Glückseligkeit beschreiben kann, dass ich also weder etwas haben will noch etwas vermeiden will. Das ist eine Art Seelenfriede. Das Spannende ist, dass wir nachweisen konnten, dass zwischen diesen Glücksformen eine innere Logik besteht, nach der wir uns als Menschen im Laufe des Lebens dahin entwickeln, loslassen zu können und dabei das Glück im Inneren zu finden, statt es im Äußeren zu suchen.

Nun gibt es natürlich schwer erkrankte Menschen, bei denen die Diagnose und die weiteren Behandlungen wie etwa Chemotherapien ständig neue Traumata erzeugen können. Aber auch da geben unsere Forschungen Hinweise darauf, dass dieses ABC-Modell selbst in solchen Fällen greift. Dass selbst die Diagnose Krebs nicht zwingend bedeutet, dass ein Mensch nicht mehr glücklich sein kann, sondern dass dann die jeweilige Persönlichkeit, sprich die Resilienz, eine entscheidende Rolle spielt, wie man sich in so einer Situation zurechtfindet. Auch in einer solchen Situation können Menschen Typ-C-Glück empfinden als eine Art inneren Frieden.«

Ein erstes Fazit

Nun stehe ich also morgens früh auf, koche gutes Essen und gehe regelmäßig raus in die Natur. Ich habe gelernt, meinen Nachrichtenkonsum zu reduzieren, ich lache mit Freunden und habe das Reisen wiederentdeckt. Ich sitze täglich auf meinem Spinning-Rad, mache zweimal die Woche Burpees und spiele Klavier – und fühle mich tatsächlich ziemlich glücklich. Ich bin auf jeden Fall heilfroh, dass ich mich dem gefühlten Abwärtsstrudel des herrschenden Zeitgeistes auf diese Weise offensichtlich entziehen kann.

Ist dies der Schlüssel zum Glück? Positive Gefühle auslösen durch »Random acts of kindness«, einen malerischen Sonnenuntergang, den Sinn fürs Schöne oder – warum nicht – Lachyoga? Ist das der Trick, sich nicht runterziehen zu lassen? Haben wir also den Glückscode geknackt?

Ja und nein, sagt Gina Schöler, Mitbegründerin des sogenannten Ministeriums für Glück und Wohlbefinden, ein ursprünglich studentisches Projekt der Fakultät für Gestaltung an der Hochschule Mannheim. Glück habe, so Schöler, auch eine tiefere Ebene, die über das Aneinanderreihen von Glücksmomenten hinausgeht. Denn Glück bedeutet nicht zuletzt, einen Sinn in seinem Leben zu sehen. Dabei gehe es um die Frage: Welche Bedeutung gebe ich meinem Leben? Und welche Werte sind mir wichtig – einerseits, und andererseits: Welche Talente habe ich? Und wie kann ich beides sinnvoll miteinander verknüpfen? Wenn es hier eine Diskrepanz gibt, seien wir, so Schöler, schnell unzufrieden. Hingegen könne es uns glücklich machen, wenn es uns gelinge, Talente und Werte miteinander zu verbinden.

Schöler erwähnt das sogenannte PERMA-Modell, das von Martin Seligman, dem bereits erwähnten Vertreter der Positiven Psychologie, entwickelt wurde. PERMA steht für: »Positive Emotionen«, »Engagement«, »Relationships« (also Beziehungen), »Meaning« (also Sinn) sowie »Accomplishment« (was man mit »Verwirklichung« übersetzen könnte). Diese fünf Kategorien gehören für Seligman unabdingbar zum Glücklichsein dazu.

Gina Schöler betont nun die Wichtigkeit der Punkte »Engagement« und »Sinn«. »Engagement« meint dabei, dass man eine Tätigkeit findet, in der man voll aufgehen kann, bei der man Zeit und Raum um sich herum vergisst, wenn man also einen »Flow-Zustand« erreicht. Man ist so sehr auf die Aufgabe fokussiert, dass man erst später feststellt, dass man dabei glücklich war.

Auch diesen Zustand kennt wohl jeder und verbindet ihn mit einer bestimmten Tätigkeit. In meinem Fall ist es ganz klar das wiederentdeckte Klavierspielen oder auch die Arbeit vor der Kamera. In den Flow kommt man am besten, so sagen Forscher, wenn man sich einer Aufgabe widmet, die dem eigenen Anspruchsniveau entspricht. Also etwas, das wir mit ein wenig Konzentration und Ehrgeiz lösen können.

Ist etwas eindeutig zu schwierig für uns, kommen wir nicht in den Flow.

»Meaning« meint nach diesem Konzept, dass das eigene Leben Sinnhaftigkeit besitzen muss. Sinnstiftend können sehr verschiedene Dinge sein, Religion oder Spiritualität etwa oder politische Überzeugungen, gesellschaftliches Engagement, die Arbeit mit oder für Menschen. Besonders glücklich sind wir, wenn sich beides – Engagement und Lebenssinn – für uns stimmig miteinander verbinden lässt. Gina Schöler erklärt das so: »Ich bin einmal durch den Wald gegangen, und da hing an einem Baum ein Bild, das ein kleines Mädchen gemalt hatte. Darauf war eine Eule zu sehen, und dazu hatte sie geschrieben ›Rette die Bäume‹. Das Mädchen hatte also seine Werte – Umweltschutz – mit seinem Talent – Malen – sinnvoll verbunden.«

Und wie ist das bei mir? Meine Talente würde ich im analytischen und kommunikativen Bereich sehen, also eigentlich genau dort, wo ich tätig bin, in den Medien. Ich kann voll aufgehen in meiner Arbeit vor der Kamera, und es passiert mir durchaus, dass ich alles um mich herum vergesse und erst anschließend erschöpft denke: Das war ein erfüllender Tag! So betrachtet kann ich meine Talente also für das, was mir wichtig ist, einsetzen.

Und trotzdem gibt es da diese Diskrepanz: Wie soll ich in meinem Beruf aufgehen in Zeiten wie diesen, wenn die Krisen und Katastrophen in einem Maße überhandnehmen, dass man am liebsten überhaupt keine Nachrichten mehr hören, lesen und sehen möchte, von Fake News in den sozialen Medien ganz abgesehen? Steck ich als Journalist da nicht ziemlich in der Zwickmühle?

Eskapismus

»**Eskapismus**« ist ein Wort, das bis vor kurzem nicht Teil meines aktiven Wortschatzes war. Natürlich wusste ich, was es bedeutet, aber er spielte in meinem Leben keine Rolle. Das hat sich in den letzten Monaten geändert. Der *Duden* definiert »eskapistisch« so: »Vor der Realität und ihren Anforderungen in Illusionen oder in Zerstreuungen und Vergnügungen ausweichend«. Es schwingt ein Vorwurf in dem Wort mit. Wer eskapistisch ist, begeht mit oberflächlichen Ablenkungsmanövern eine Art Selbsttäuschung, Realitätsflucht oder Wirklichkeitsverweigerung.

In dem Film *The Good Night* aus dem Jahr 2007 geht es um so eine Realitätsflucht. Die Hauptfigur, Gary Shaller, will nur schlafen und träumen, denn in der Traumwelt ist alles gut. In der Realität ist er ein erfolgloser Musiker, der sich mit seiner Freundin streitet. Und wenn er schläft?

»Du denkst, dass sich in deinen Träumen die Wirklichkeit abspielt und dass das echte Leben nur eine Zeitverschwendung ist?«

»Ja, genau ...«

Eskapismus par excellence.

Nicht erst, seit ich meine kleinen Experimente zum Thema Glück durchführe, geht mir das Wort nach. Wenn ich am Abend essen gehe und mit Freunden lache, und wir trinken guten Wein – während andere Menschen sich kaum noch die nötigsten Lebensmittel leisten können –, ist das Eskapismus? Ich betreibe Sport, damit ich anschließend, nachdem mein Körper beim Schwitzen Endorphine ausgestoßen hat, glücklich und erschöpft nach Hause gehe – während in der Ukraine die Menschen leiden. Eskapismus? Wann immer ich einen Anflug von Freude, Spaß oder einfach Normalität verspüre, lenke ich mich dann nicht mit gänzlich profanen Dingen ab, tue, als wäre alles in Ordnung, und verschließe die Augen vor dem wahren Zustand der Welt?

Eskapismus gibt es in ganz verschiedenen Formen und Ausprägungen. Ruhig und sinnsuchend wie beim Meditieren. Selbstzerstörerisch, wenn jemand seine Sorgen und Probleme in Alkohol ertränkt oder zu Drogen Zuflucht nimmt. Bücher und Filme können auch eine Flucht sein, oder Videospiele. Vor allem aber die sozialen Medien, die für ihre Nutzer fatalerweise wie zu einer zweiten Wirklichkeit werden. Viele flüchten sich ins Essen – Schokolade als Frustessen, aber auch Chips und alle möglichen Snacks, die uns ein kurzes trügerisches Glücksgefühl verschaffen. Und natürlich all die Dinge, die mir persönlich so am Herzen liegen: Reisen, Sport, Musik. All das kann Eskapismus sein!

Psychologen warnen vor eskapistischem Verhalten mit der Begründung, dass es besser sei, sich seinen Problemen zu stellen. Wirklich zufrieden oder glücklich könnten wir nur sein, wenn wir Lösungsstrategien für unsere Probleme entwickeln, statt sie immer weiter aufzuschieben.

Aber ist Eskapismus wirklich nur negativ? Oder bietet die Flucht nicht auch eine Möglichkeit, mit einer Schwierigkeit oder gar einer ausweglosen Situation fertig zu werden?

Der Journalist Thomas Bärnthaler glaubt, dass es in Krisenzeiten »Notwehr« sein kann, sich von der Realität abzuwenden: »Eskapismus ist die Freiheit, die man sich gestattet, weil man sie braucht«, schreibt er in einem Artikel des Magazins der *Süddeutschen Zeitung* mit dem Titel: »Ein Lob des Eskapismus in finsteren Zeiten«. Ein bestimmtes Maß an Vermeidungsverhalten, so Bärnthaler, sei normal und auch gesund. Indem wir uns zumindest zeitweise gedanklich von Problemen befreien, schöpfen wir neue Kraft, bekommen wir neuen Schwung.

Wann aber kippt die positive Ablenkung in eine negative, womöglich destruktive?

Um das zu beurteilen, schauen Psychologen vor allem auf zwei Faktoren: Motivation und Ausmaß. Die Frage ist: Dient das Krafttanken dazu, anschließend die Herausforderungen wieder mit frischem Elan anzupacken? Bleibe ich Herr meines Handelns? Oder handelt sich um eine Flucht aus purer Verzweiflung?

Das hängt natürlich weniger von mir ab als von den äußeren Gegebenheiten. Wenn die Energiepreise steigen, kann ich tun, was ich will – Herr des Handelns bin ich nicht, sondern vielmehr Spielball der geopolitischen Entwicklungen. Wenn ich, um mich von dieser Tatsache abzulenken, einen lustigen Film gucke, habe ich hinterher noch immer keinen Einfluss auf die Energiepreise. So gesehen wäre das Kriterium des negativen Eskapismus erfüllt. Aber ist das das Gleiche, wie wenn ich nur noch vor dem Fernseher sitze, Schokolade esse und nicht mehr rausgehe? Wohl kaum. Letzteres ist destruktiv. Der lustige Film hilft mir hingegen, die schwierige Situation, wenn ich sie schon nicht ändern kann, so doch wenigstens leichter zu ertragen.

Das Schubladen-
Prinzip

Es gibt zahllose Tipps und Tricks in Büchern, Zeitschriften und auf Websites, wie man richtig abschaltet. Zum Beispiel indem man Tagebuch führt und vor allem die positiven Erlebnisse aufschreibt, um sich so auf das Gute zu konzentrieren. Oder indem man sich Listen macht von Dingen, die noch zu erledigen sind. Was man geschrieben vor sich sieht, ordnet sich dann manchmal ganz von selbst. Oder indem man feste Rituale einführt, mit denen man klar den Arbeitstag vom Feierabend abgrenzt, zum Beispiel indem man seinen Schreibtisch aufräumt.

Ich habe für mich eine gedankliche Technik entwickelt, die ich das Schubladen-Prinzip nennen möchte. Wir alle kennen das sogenannte »Schubladendenken«. Einen Menschen in eine Schublade zu stecken, ihn also, wie der *Duden* sagt: »engstirnig« und »undifferenziert«, in eine Kategorie einzuordnen ist nie gut. Aber wenn es um die schreckliche Situation in der Welt und mein Glücklichsein geht, helfen mir gedankliche Schubladen ungemein.

Seit einiger Zeit sortiere ich daher alles in zwei Schubladen: In der einen befinden sich all die niederschmetternden

Nachrichten und Informationen des aktuellen Weltgeschehens, in der anderen all das, was mein Privatleben betrifft, in dem ich mich darum kümmere, dass es mir gut geht.

Wenn ich zur Arbeit gehe, mache ich also die gedankliche Schublade »Arbeit« auf: Ich lese und konsumiere Agenturmeldungen, Artikel, Bilder, die sich mit der Tagespolitik auseinandersetzen. Ich kann die Arbeitshaltung, mit der ich von jeher zu Werke gehe, »anschalten« und das journalistische Handwerkszeug, das ich mir angeeignet habe, auch angesichts ständiger schlechter Nachrichten professionell anwenden.

Und dann, wenn ich den Sender verlasse und sich die Schranke bei der NDR-Pforte beim Hinausfahren hinter mir senkt, mache ich die Schublade zu und lasse alles darin, was mir gerade auf die Stimmung schlägt. Und dann mache ich die andere Schublade auf. Die, in der ich mit Freunden und Familie etwas unternehme und dabei grundsätzlich so wenig wie möglich über Politik spreche, ich verreise, am Klavier sitze. Und konsequent weder den Fernseher einschalte noch bei Twitter reinschaue. Zwei Schubladen, zwei Welten, deren Inhalte ich strikt trenne, strikter als zuvor.

Das klingt einfacher, als es – besonders am Anfang – tatsächlich ist. Denn die Herausforderung ist natürlich, wie man es schafft, dass die Dinge in ihren Schubladen bleiben. Dass man nicht doch zu Hause auf dem Sofa in einer freien Minute ins Doomscrolling verfällt oder sich in der Freizeit in eine politisch aufgeladene Diskussion verwickeln lässt. Ich habe festgestellt, dass es gut ist, die gedankliche Schublade durch eine physische zu unterstützen. Soll heißen: Die räumliche Trennung von Arbeit und Privatsphäre ist entscheidend. Ich lasse zu Hause keine Arbeitssachen sichtbar herumliegen, sondern die kommen in einen eigenen Raum, und die Tür wird zugemacht. Keine geöffneten Laptops mehr auf dem Küchentisch, keine Zeitungen auf dem Sessel.

Ich denke auch in zeitlichen Schubladen, das heißt, es gibt »Timeslots«, in denen es ausschließlich entweder um die Arbeit geht oder um die Freizeit. Ich schalte zum Beispiel um 20 Uhr die *Tagesschau* ein oder informiere mich online. Ich schaue morgens, in der Mittagspause und abends in sozialen Medien, ob es Dinge gibt, die für mich als Journalisten relevant sind – und logge mich dann aber auch wieder aus. Ich sage nicht: Keine Nachrichten mehr schauen, lesen oder hören, aber eine Stunde am Tag reicht. Also meinetwegen *Tagesschau* plus etwas Deutschlandfunk beim Autofahren.

Ebenso treibe ich zu einer ganz bestimmten Zeit Sport. Am liebsten morgens oder vormittags. Dann habe ich das Gefühl, ich habe schon etwas für mich getan. Abends geht bei mir die Motivationskurve steil nach unten. Aber ich weiß, dass das bei vielen genau andersrum ist. Sport nach der Arbeit sozusagen als Belohnung. Wie man es auch hält: Es gibt dem Tag eine Struktur und sorgt für eine klare Trennung der Bereiche Arbeit und Freizeit, und das hilft sehr.

Und es kommt noch etwas anderes hinzu. Denn was für das Trainieren bestimmter Charakterstärken gilt, gilt offenbar auch für unsere Gedanken und Emotionen: Gedanken, denen wir fortlaufend nachgehen, verstärken sich, indem unser Gehirn diese Informationen immer besser weiterleitet. Ich kenne das: Es gab während meines Jurastudiums vor dem Staatsexamen Phasen, in denen ich nicht gut geschlafen habe, weil ich permanent an Fälle, Gerichtsentscheidungen denken musste. Ich konnte einfach nicht abschalten. Nur zwei Stunden nachdem ich total ermattet eingeschlafen war, schreckte ich im Schlaf hoch und stand senkrecht im Bett. Der Münzhändler-Fall! Der Sirius-Fall! Der Haustyrannen-Fall! Rücktritt vom versuchten Totschlag ... Verfassungsbeschwerde einer Religionsgemeinschaft ...

Jeder hat vielleicht schon mal solche Situationen erlebt. Sorgen und Gedanken, die einen fortlaufend beschäftigen und ängstigen. Morgens war ich wie gerädert. Nichts an den Problemen hat sich verändert oder gebessert, nur meine Laune oder Stimmung war im Eimer. Vollkommen überflüssig. Dahinter stand wahrscheinlich, dass ich mein Gehirn seit Wochen und Monaten darauf trainierte, an juristische Probleme zu denken. Wie auf einer immer besser ausgebauten Datenautobahn rasten die Gedanken immer schneller und routinierter durch mein Gehirn.

Dann habe ich versucht, bewusst dagegen anzugehen. Sobald ich nachts aufwachte und an nichts als an Prüfungsfragen denken konnte, lenkte ich bewusst meine Gedanken auf etwas ganz anderes, etwas Positives. Ein Tag am Strand – Sommer, Sonne, nette Leute ...

Das durchzuziehen ist schwierig, weil immer wieder das alte erlernte Grübelmuster durchzukommen droht. Eben trinke ich noch im Kreis guter Freunde einen Cocktail an der imaginären Strandbar, da meldet sich in meinem Kopf plötzlich eine Stimme: »Ein Drittschaden wird durch § 823 I BGB nicht ersetzt, weil ...« Das Faszinierende aber war: Je länger ich es konsequent übte, desto besser gelang es mir. Irgendwann konnte ich die Gedanken an die Jura-Fälle und die an die schönen Dingen wie auf Knopfdruck ein- und ausschalten.

Wer es mit gedanklichen Schubladen versucht, der trainiert dabei übrigens in aller Regel noch eine weitere Charakterstärke, nämlich Optimismus. Das Wort kommt aus dem Lateinischen: »Optimum« bedeutet »das Beste«. Optimisten gehen also zunächst einmal vom Besten aus. Für sie ist ein Glas Wasser noch halb voll und nicht schon halb leer. Sie sind der festen Überzeugung, dass am Ende alles gut wird, und weil sie auch bei Krisen und Herausforderungen nicht die Hoffnung verlieren, haben Optimisten in aller Regel mehr vom Leben.

Im Gegensatz dazu gehen Pessimisten stets vom Schlechtesten aus. Sie zweifeln an sich und der Welt. Pessimisten haben weniger Spaß im Leben und verbauen sich durch ihr Fokussieren aufs Negative nachweislich viele Chancen. Und sie leben weniger lang. Eine Langzeitstudie der Harvard University fand heraus, dass dies besonders bei Frauen deutlich wird. Frauen mit einer optimistischen Lebenseinstellung haben demnach gegenüber Pessimistinnen eine 5,4 Prozent höhere Lebenserwartung und eine 10 Prozent höhere Wahrscheinlichkeit, über 90 Jahre alt zu werden.

Beim Optimismus geht es nicht darum, das Leben durch eine rosarote Brille zu sehen und alles Negative stur auszublenden. Der Schlüssel scheint vielmehr zu sein, mental trennen zu können. Schlechte Erfahrungen, negative Momente zuzulassen, sie aber auch wieder mental wegzuordnen – in eine Schublade halt, die man zumachen kann!

Das Inschallah-Prinzip

Das Inschallah-Prinzip ist eine Lebenshaltung, die ich während meiner Jahre im Nahen Osten gelernt habe und die mir ebenfalls sehr hilft. Viele Menschen im Nahen Osten haben sich damit abgefunden oder arrangiert, dass sie viele der Missstände um sie herum einfach nicht ändern können. Wenn man in dem festen Glauben lebt, ständig und überall in der Verantwortung zu sein – fürs Klima, für Black Lives Matter, für den Kampf gegen rechts, für … –, schafft das früher oder später zwangsläufig Enttäuschungen, denn der Tag, an dem sich all diese Probleme erledigen, wird zu unseren Lebzeiten wahrscheinlich nie kommen. Und ich kann noch so viel demonstrieren gehen, dadurch wird sich ein Putin im Zweifel nicht davon abhalten lassen, eine schmutzige Bombe zu zünden.

»In schaʼ Allāh« heißt wörtlich »so Gott will«, und arabischsprachige Menschen verwenden es ständig. Meist bedeutet es nicht mehr als »hoffentlich«: »Hoffentlich ist der Zug pünktlich!« Aber es steckt doch noch etwas mehr dahinter. Wenn der Zug dann doch nicht pünktlich ist, was nützt es, sich groß aufzuregen? Ich habe ja keinen Einfluss darauf. Ich muss die Situation wohl oder übel akzeptieren.

Das gilt im Kleinen wie im Großen. Akzeptieren, dass sich unsere Gesellschaft und die Welt in Schieflage befinden – und dass ich es gerade nicht ändern kann. Die Dinge sind, wie sie sind. Das heißt nicht, jeden Antrieb, Dinge zum Besseren zu wenden, abzulegen und sich in passive Resignation zurückzuziehen. Wählen gehen, sich sozial engagieren, öffentliche Diskussionen verfolgen – alles gut, wichtig und richtig. Aber sich dennoch bewusst sein, dass die eigenen Möglichkeiten begrenzt sind. Und dass Dinge – gute wie schlechte – nun einmal passieren, ob man will oder nicht.

Das nenne ich das Inschallah-Prinzip. Es bricht mit dem derzeit vermittelten Gefühl, es hinge an jeder einzelnen Person, ob die Welt untergeht oder nicht, wenn sie die Heizung voll aufdreht oder mit dem Auto fährt. Wir machen uns besser klar, dass das genauso illusorisch ist wie der Gedanke, dass wir persönlich mit unserem Verhalten die Welt retten könnten. Das permanente schlechte Gewissen – es mag dazu führen, dass man sich wie erforderlich einschränkt, aber es führt auch dazu, dass man unglücklicher wird; und das kann nicht der Zweck der Übung sein.

Dies zu erkennen war für mich wie ein Schalter, der umgelegt wurde. Und der mich schlagartig gelassener machte. Was soll ich mich aufregen über nicht ankommende Koffer nach einer Flugreise. Ja, es ist krass, in welch schlechtem Zustand die Personalausstattung vieler deutscher Flughäfen ist. Aber deswegen werde ich jetzt nicht anfangen, wütende Leserbriefe zu schreiben oder auf Twitter gegen »die da oben« oder wen auch immer zu wettern. Nicht weil mir das Chaos auf den Flughäfen egal wäre, sondern weil ich das gegenseitige Hochschaukeln von Gedanken und Sorgen unterbinde, wenn ich dem Impuls nicht nachgebe. Und es mir mehr Zeit und Raum gibt, mich auf das zu fokussieren, was ich wirklich beeinflussen kann: meine Einstellung, mein Verhalten, meine Interaktion mit meiner Umgebung.

Es steht schlimm um die Welt? Ja, aber darum kann ich mich in diesem Moment vielleicht gerade nicht kümmern. Wohl aber kann ich in diesem Moment Menschen mit Freundlichkeit begegnen, um so vielleicht dazu beizutragen, dass wir alle weniger wütend und verzweifelt sind.

Akzeptanz der Gegebenheiten – das klingt erst einmal nicht gut, als habe man mit dem Schicksal abgeschlossen und würde sich in etwas Unausweichliches fügen. Doch die Akzeptanz, die in dem Ausspruch »In schä' Allāh« zum Ausdruck kommt, transportiert ein anderes Gefühl: Es ist das Gefühl eines Urvertrauens. Nämlich, dass es trotzdem irgendwie weitergehen wird.

Urvertrauen erfüllt uns als Kind, wenn wir Menschen vertrauen können, die uns wohlgesinnt sind – unseren Eltern, der Familie, Freunden. Urvertrauen entwickeln wir natürlich nur, wenn die Umstände vor allem in unserer frühen Kindheit dies auch zulassen. Kinder, die in ihrer frühesten Lebensphase keine verlässlichen Bezugspersonen haben, entwickeln dagegen ein Ur*misstrauen* – ein Misstrauen nicht nur gegen sich selbst, sondern die ganze Welt.

Urmisstrauen: Das ist der Geist, der zurzeit in unserer Gesellschaft herrscht und den wir mit hervorgerufen haben – durch verbitterte politische Diskussionen, durch

Geschimpfe in Talkshows, durch Hetze in den sozialen Medien. Die große Herausforderung wird sein, dass wir als Ganzes wieder zu einem Urvertrauen zurückfinden – nicht zu einzelnen Bezugspersonen wie in der Kindheit, sondern zur Gesellschaft und zur Menschheit insgesamt.

Das Ich-Prinzip

Das Ich-Prinzip ist schnell erklärt: Lass es dir einfach mal gut gehen! Als drastischer Gegenentwurf zum ständigen Imperativ des panischen Zeitgeistes, der lautet: Kümmere dich um alles andere, aber nicht um dich! Übe dich in Solidarität! Verzichte!

Wie ich es mir gut gehen lasse, habe ich bereits beschrieben: Musik machen, reisen, essen. Jeder und jede weiß ziemlich genau, was ihm oder ihr guttut. Zum Ich-Prinzip gehört aber auch zu wissen, was einem *nicht* guttut.

Mir tun soziale Medien nicht gut. Ich ekel mich regelrecht, wenn ich Twitter öffne. Selbst wenn ich mich noch einlogge, poste ich fast nichts mehr. Seitdem geht es mir deutlich besser. Wissenschaftler nennen diese Vermeidungsstrategie »critical ignoring«. Anastasia Kozyreva und ihre Kollegen vom Berliner Max-Planck-Institut für Bildungsforschung regten in einem Thesenpapier erst kürzlich an, »kritisches Ignorieren« künftig gar in Schulen zu lehren. Kozyreva erklärt im Interview ihren Ansatz: »Wir Menschen sind soziale Wesen, und seit je ist es lebenswichtig für uns, Informationen aus unserer Gemeinschaft zu bekommen und weiterzugeben ... Das hat jahrtausendelang gut funktioniert. Aber seit wenigen Jahren leben wir, was die Informationen betrifft, in einer völlig neuen Welt. Onlinemedien und vor allem die Social-Media-Plattformen überfluten uns mit Nachrichten ... Wir hatten keine Zeit, uns daran anzupassen. Deswegen brauchen wir neue digitale Kompetenzen, die den Herausforderungen in der digitalen Welt gerecht werden. Meine Kollegen und ich sind der Ansicht, dass kritisches Ignorieren dort eine genauso wichtige Kompetenz ist wie kritisches Denken.«

Kritisches, also bewusstes Ignorieren – das würde ich mir als Strategie auch in anderen gesellschaftlichen Bereichen wünschen. Ich frage mich manchmal: Wann hat eigentlich diese vollkommene Durchdringung des Politischen im Alltag angefangen? Zu meiner Studienzeit – also 1998 bis 2002 – war davon jedenfalls noch nichts zu spüren. Es war die Welt vor den sozialen Medien. Die Erderwärmung war noch kein Thema. Vom Ozonloch über der Antarktis war eine Zeit lang die Rede, und die Vorstellung gefiel uns natürlich ganz und gar nicht. Aber wir gingen doch nicht gleich vom Schlimmsten aus, und tatsächlich hat sich die Ozonschicht dann ja inzwischen ein Stück weit wieder erholt. Was politische Diskussionen betrifft: Auch wenn ich lange überlege, könnte ich bei vielen Freunden oder Kommilitonen von damals nicht angeben, wo sie politisch standen. Worüber wir uns seinerzeit unterhalten haben, abends, auf Partys, beim Essen oder in der Uni – auch da müsste ich nachdenken, aber über eines sicher nicht: Politik. Politik galt als öde, verstaubt. War was für die Generation unserer Eltern. Ich glaube, wir unterhielten uns vor allem über

Filme oder Serien – die damals zum Teil so wahnsinnig politisch unkorrekt waren, dass man sie heute nicht mehr so produzieren würde. Frauenquote, Diversität – das alles spielte keine Rolle, beziehungsweise wir hatten diese Begriffe noch nie gehört. Ich will das überhaupt nicht verherrlichen. Aber wir gehörten nun einmal der sogenannten Spaßgeneration an, die natürlich auch damals schon kritisiert wurde, doch es war wirklich eine andere Zeit. Es war die Zeit des »Guidomobils«, der Loveparade (auf der ich nie war) und von *Akte X*.

Wir waren das Gegenteil von dem Zeitgeist heute. Vielleicht haben wir allzu optimistisch in die Zukunft geblickt. Globalisierung hieß für uns vor allem, heute nach Marokko und morgen nach Hongkong fliegen zu können, ohne Flugscham. Ja, vielleicht – wahrscheinlich – fehlte uns das Bewusstsein für Probleme, die natürlich schon damals existierten. Auch damals waren die Nachrichten voller Horrormeldungen. Wir waren naiv, keine Frage, aber wir hatten eine herrliche Zeit – frei vom Druck, die Welt retten zu müssen, und ich möchte diese Zeit nicht missen.

Und ist denn das andere Extrem, der heutige panische Zeitgeist, besser? Ein Zeitgeist, der zu verbieten scheint, dass es dem Einzelnen gut geht, weil es der Welt nicht gut geht. Ein Zeitgeist, der praktisch alles unter dem Vorzeichen des Politischen betrachtet. Alles wird in ein gnadenloses Rechts-links-Schema eingeordnet: *Welt* und *Bild* sind rechts, die *Neue Zürcher Zeitung* – zu Zeiten meines Volontariats *der* Leuchtturm des Qualitätsjournalismus – ist sogar megarechts. Der *Spiegel* ist links, ebenfalls Anne Will, Jan Böhmermann, Sophie Passmann und so weiter. Daneben gibt es praktisch nichts. Und es gibt auch kaum noch Journalisten, die nicht per Twitter ungefragt klarmachen, wo sie stehen. Das wird – so hat mir ein Student gesagt – schon auf der Deutschen Journalistenschule gelehrt: Immer ordentlich twittern! Mindestens einmal am Tag!

Und wie war das früher? Könnten Sie sagen, wo Dagmar Berghoff, Wolf von Lojewski, Sabine Christiansen politisch standen? Hat das damals irgendwen interessiert? Heute tragen viele Moderatorinnen und Moderatoren ihre politischen Überzeugungen – oder zumindest ihre Haltung zu einzelnen Themen – wie eine Monstranz vor sich her.

Mich stört das schon lange. Deswegen habe ich mich dafür entschieden, mich sozusagen *kritisch* zu depolitisieren. Also in dem Sinne, dass ich ein politisch interessierter Mensch bin und bleibe, aber so gut wie nicht mehr mit meinen Mitmenschen über Politik rede. Und ich bin glücklich damit. Ich lenke Gespräche bewusst in eine andere Richtung, wenn ich merke, jetzt geht es gleich wieder los! Ich will gar nicht wissen, wo mein Gegenüber politisch steht. Ob er für die Frauenquote ist oder dagegen, für oder gegen Gendern – oder was auch immer. Und ich habe festgestellt, dass man meist sehr schnell andere Themen findet. Menschen werden einem sympathischer, wenn man sie in ihrer Individualität kennenlernt und nicht nur als Reflexionskörper politischer Einstellungen. Wo jemand herkommt – aus der Uckermark oder aus Neukölln –, was jemand studiert hat, welche Bücher er oder sie gerne liest – sind das nicht die viel stärkeren Eigenschaften und Prägungen, die jeden von uns ausmachen? Und nicht so sehr die Frage, ob er oder sie für oder gegen das Bürgergeld ist? Versuchen Sie es! Es gibt in ihren Mitmenschen so viel mehr zu entdecken als nur die Polarisationsschlagworte der aktuellen Aufregungsdebatten. Und nein, das ist hier jetzt keine Absage an die Bedeutung dieser Debatten! Aber man muss diese auch mal für ein paar Momente vergessen dürfen, denn das ist Teil einer Unbeschwertheit, die wir zum Leben einfach brauchen.

Wie soll das gehen, mag man nun fragen. Rassismus im Fußball – sollen wir dazu schweigen? »MeToo« – einfach nicht hinsehen? Halt, Stopp! Wenn ich Zeuge von Rassismus oder Sexismus werde, muss ich natürlich den Mund aufmachen. Aber wenn ich einfach mal Fußball spielen will, einfach mal tanzen will, dann denk ich eben einfach mal an etwas anderes. Kritisches Ignorieren! Ich kann es wirklich nur empfehlen.

Das Ruhig-Blut-Prinzip

»Kommt Zeit, kommt Rat«, »Abwarten und Tee trinken«, »Alles hat seine Zeit«, »Nach Regen kommt auch wieder Sonnenschein«, »Augen zu und durch«, »Immer mit der Ruhe« … Sätze und Redewendungen, die ich tatsächlich häufig benutze, sei es im Gespräch mit anderen oder auch manchmal im Stillen für mich. Sie wirken vielleicht ein bisschen verstaubt, aber ich habe die Erfahrung gemacht, dass an den Sprüchen viel dran ist. Ich höre natürlich gleich den Einwand: Abwarten und Tee trinken angesichts der Erderwärmung? Wie stellst du dir das vor? Natürlich ist das nicht wörtlich zu nehmen. Es geht mir nur darum, dass wir uns nicht von Panik und Angst unter Druck setzen lassen, sondern das tun, was wir tun können, ohne in Aktionismus zu verfallen. »In der Ruhe steckt die Kraft« – noch so ein Spruch, der vielleicht nicht ganz frisch ist, aber zumindest für mich sehr treffend.

In fünftausend Jahren wird die Erde wahrscheinlich immer noch da sein. An uns, an Sie und mich, wird sich dann längst niemand mehr erinnern. Ob es Deutschland, wie wir es kennen, noch gibt – wer weiß? Und spielt das eine Rolle?

Mir hilft es, den zeitlichen Horizont einmal so zu erweitern, denn es verschafft mir die beruhigende Gewissheit, dass das, was wir hier und heute so unerbittlich diskutieren, im großen Ozean der Zeit nur ein ganz kleiner Tropfen ist.

Ist das nun also doch das Kopf-in-den-Sand-Stecken, das schlechten von gutem Eskapismus unterscheidet? Einfach alles hinnehmen, wie es ist? Widerstand ist zwecklos?

Noch einmal: nein. Es geht nur darum, dass wir nicht pausenlos im Krisenmodus agieren können. Wir müssen auch abschalten können, an etwas anderes denken. Dann verlieren die Probleme, die uns unlösbar erscheinen, mit einem Mal sehr viel von ihrem Schrecken! Was kann schlimmstenfalls passieren?

Und was tue ich, wenn alle Stricke reißen? Wenn nun doch alles schlimmer und immer noch schlimmer werden sollte? Da habe ich für mich selbst einen kleinen inneren Rettungsanker. Dann, so mein Plan, setze ich mich ab, gehe in den Süden, irgendwo ans Meer und mache eine Strandbar auf, wo es leckere Snacks zu essen gibt und den ganzen Tag entspannte Musik läuft. Ob ich das wirklich machen würde? Ehrlich gesagt, wohl eher nicht. Aber allein der Gedanke macht mich glücklich. Und das ist doch gut, oder?

Nachbemerkung

Zum Abschluss möchte ich aber doch noch betonen, dass ich als *Tagesschau*-Sprecher und Journalist natürlich weiterhin am politischen Zeitgeschehen teilhabe. Mein Appell ist es nicht, sich von der Welt abzukapseln und wegzuschauen, nicht mehr zu verfolgen, was um uns herum passiert. Aber ich glaube inzwischen, wir müssen in einer Welt der nachrichtlichen Dauerbeschallung etwas trainieren: auch mal ab- oder besser umzuschalten. Aus dem Krisenmodus in den Glücksmodus. Wieder lernen, uns Gutes zu tun, es zuzulassen, ohne sich schuldig oder schlecht zu fühlen. Das mag zunächst egoistisch klingen – aber es geht dabei ja nicht nur um uns selbst, sondern darum, wie wir der Welt, der Gesellschaft, unserem Nächsten gegenübertreten und damit unser Miteinander wieder positiver gestalten. Ohne Misstrauen, Vorwurf, Neid oder Ablehnung, wie es derzeit so oft der Fall ist. Mit mehr Freundlichkeit und Neugier – Eigenschaften, die fast zwangsläufig dazu beitragen, dass wir glücklicher werden. Wir sollten gezielt Situationen schaffen, in denen wir die Natur spüren, in denen wir Gefühle von früher neu entdecken oder in denen wir zusammen mit anderen Positives erleben – und in denen die Politik, das große Weltgeschehen Pause hat. Allein, dass man seine Zeit nicht mit Gedanken an den finsteren Zustand der Welt zubringt, sondern mit etwas anderem, hat einen positiven Effekt. Garantiert!

Zugegeben, es kostet etwas Kraft und Anstrengung. Schließlich hat unser Gehirn durch die permanente Beschäftigung mit Krisen sehr viel Masse und zahlreiche Synapsen aufgebaut, die dazu führen, dass wir uns ständig und fortlaufend gedanklich im Krisendenken bewegen. Das zu ändern muss man trainieren. Und deswegen ist es so wichtig, sich zu lösen vom herrschenden kollektiven Pessimismus. Wenn mehr Menschen wieder mehr Zuversicht haben, wenn wir weniger twittern und Politik auch mal Politik sein lassen, wenn Sport, Kultur, überhaupt Freizeit zu Orten und Momenten der Begegnung führen, frei von polarisierenden Zeitgeistdebatten, wenn wir uns auch einfach mal gut fühlen dürfen, unbeschwert und unbehelligt von schlechten Nachrichten, dann kann es auch wieder besser werden. Denn auch wenn Klima, Wirtschaft, Kriege und alle anderen großen Themen dieser Zeit mitbestimmen, wie es uns in Zukunft gehen wird – wie es uns hier und heute geht, haben wir zu einem ganz erheblichen Maß selbst in der Hand. Und wenn wir alle uns ein wenig mehr um unser eigenes Wohlbefinden kümmern, verändert das auch den Zeitgeist und unser Miteinander. Und zwar zum Guten – wenn wir Glück haben.